COURS D'HYPNOSE CLINIQUE

DU MÊME AUTEUR

Chez ESF éditeur :

Dictionnaire clinique des thérapies familiales systémiques
(Co-direction avec le Dr J.-C. Benoit), 1988.

Guide du voyageur perdu dans le dédale des relations humaines,
à paraître.

Milton H. Erickson. De l'hypnose clinique à la psychothérapie stratégique, 1986.
(En collaboration avec J. Godin).

Quatorze leçons de thérapie stratégique, 1992.

La stratégie en thérapie
ou l'hypnose sans hypnose de Milton H. Erickson, 1988.

Traduction (en collaboration avec J. Fleiss) de ;
L'hypnose thérapeutique. Quatre conférences
de Milton H. Erickson, 1986.

Aux Éditions Privat :

Itinéraire d'une absence,
de Groddeck à Balint l'émergence de la psychosomatique, Toulouse, 1979.

Jacques-Antoine MALAREWICZ

COURS D'HYPNOSE CLINIQUE

Études éricksoniennes

Préface de Jean-Claude Benoit

2e édition

ESF éditeur
17, rue Viète, 75017 Paris

COLLECTION SCIENCES HUMAINES APPLIQUÉES
fondée par le Professeur Paul Sivadon
et dirigée par le Docteur Jean-Claude Benoit
avec le concours du Docteur Jean Guilhot et du Docteur André Mathé

Voir en fin d'ouvrage la liste des titres disponibles

2e édition 1992
ISBN 2-7101-0976-X

SOMMAIRE

Préface, Jean-Claude Benoit 9

Remerciements 15

Introduction : N'apprenons pas à ne pas hypnotiser 17

1. La stratégie de changement 21

Les métaphores de la stratégie 21
Les métaphores du processus hypnotique 22
Les métaphores du changement 29
Questions naïves 34

2. Les techniques de communication 39

Les techniques vivantes 39
Manipulation/accompagnement 40
Le langage non verbal 42
Les outils diagnostiques de la communication 48
Les métaphores thérapeutiques 51
Les outils de communication 55
Questions naïves 71

3. Le processus hypnotique : séquence type 75

L'anamnèse et la création du rapport thérapeutique 75
Focalisation et accompagnement des sensations corporelles . 78
Construction de la rétroaction 80

Induction de la dissociation 82
Maintien de l'état d'hypnose 84
Techniques de réassociation 86
Réveil et retour à l'état antérieur 87
Phase des vérifications 88
Questions naïves 89

4. Le vécu subjectif du processus hypnotique 91

L'expérience subjective du sujet 91
L'expérience subjective du thérapeute 97
Questions naïves 100

5. Les aspects courants de la pratique de l'hypnose 103

La présence du symptôme 103
Parfois, l'induction rapide 106
Les sujets résistants 109
L'implication d'un tiers dans la relation 112
Le travail avec les enfants 114
L'autohypnose 117
Questions naïves 119

6. Les hypnoses partielles 123

La catalepsie du bras ou le bras en hypnose 124
Questions concrètes sur la catalepsie du bras 133
La lévitation du bras 134
Questions concrètes sur la lévitation du bras 137
Les paralysies provoquées 138
Questions concrètes sur les paralysies provoquées 141
L'écriture automatique 141
Questions concrètes sur l'écriture automatique 145
La modification et la construction de phénomènes sensoriels 146
Questions concrètes sur les phénomènes sensoriels 148

7. Le travail dans le temps 151

Définition 151
Amnésie et hypermnésie 152
La distorsion du temps 155
La régression en âge 157
L'anticipation 162
Questions concrètes 164

8. La suggestion post-hypnotique et les prescriptions 167

Définition 167
Les techniques 168
Utilisation clinique 171
Questions concrètes 172

9. Exemples de séances d'hypnose 173

Catalepsie et lévitation du bras 173
Lévitation de la main et régression en âge 183
Travail avec un sujet déprimé 194

10. Le processus thérapeutique dans l'hypnose 209

L'hypnose thérapeutique 209

11. Comment j'ai appris à ne pas avoir peur de l'hypnose . 215

Bibliographie 217

PRÉFACE

L'hypnothérapeute moderne ?

Un des travailleurs de la psychothérapie. Son atelier : ce manuel décrit le contexte de deux fauteuils, confortables, dans une pièce sans doute bourrée d'ouvrages « psy ». Son champ d'action : le monde vivant du client, en particulier extérieur, c'est-à-dire à la fois intime, familial et social.

Le partenaire souffrant, qui fait sa démarche, s'offre à l'hypnothérapeute avec son symptôme et ses résistances. Ensemble, ils vont tenter de créer le jeu, à partir de la tragi-comédie du trouble mental, ce monde du symptôme où le patient vit dans l'effroi une distance croissante et paralysante avec la vie.

Comment dire ce qui se crée entre eux deux, hors de l'ordre du langage ? Les mots perdent ici une part de leur sens. L'hypnothérapeute connaît les procédures de la découverte du sens, cette unité vivante avec autrui, ou avec le plaisir, ou la beauté. Il a déjà « guéri » des imaginaires à l'aide de son imaginaire. Il connaît bien le soutien essentiel que propose le langage corporel. Dans son atelier, son propre soi perceptif et celui du patient mêlent leurs propositions, leurs glissements et la fusion de leurs formes particulières. J.A. Malarewicz utilise, pour dire cela, le terme de *processus*. Il décrit la nature foncièrement processuelle de la transe hypnotique, cet « engagement ensemble » dans un temps similaire, rythme et contenus inclus.

Le vocabulaire de la moderne théorie de la communication suffit pour un moderne manuel d'hypnose, à condition d'adjoindre quelques mots que Milton H. Erickson vint ajouter à ceux de Gregory Bateson. J.A. Malarewicz insiste sur l'un d'eux : *dissociation*.

Être double, participant et observateur de soi et de l'autre également, ce peut être ou bien l'immobilité de l'angoisse ou la liberté du dépassement créatif. Dialectique de l'âme et de l'esprit, la dissociation sacrifie une partie seulement de la conscience. Elle supprime la certitude naïve qui nous cache la complexité confuse des moments de vie.

Pour le thérapeute, il s'agit d'éviter la simplification du jeu. Dans la complexité confuse, il devient alors « enseignant ès apprentissages ».

Apprendre la *lévitation du bras* donne l'expérience heureuse de la légèreté, redécouverte qui va au-delà de la transe, selon la formule de Bateson, « apprendre à apprendre ». Voici le travail du patient dissocié. A certains stades de notre existence, dans le cycle de la vie — expression qu'Erickson aimait tant —, nous pouvons avoir perdu notre capacité de juvénilité. Nous voudrions sortir des répétitions, mais la pieuvre de la mémoire lie nos actes à du déjà vu et à du déjà fait. La transe dissocie ces inhibitions.

L'hypnose d'autrefois cohabitait avec la description des « grandes fonctions mentales » : mémoire, affectivité, perception, imagination... Ces premières pierres de la psychologie, aussi pesantes et solides que le bon sens, se couvraient du toit confortable de la conscience (intelligence, raison, jugement). A ce compte, chacun savait apprendre, semblait-il, le métier de la vie, se construire adulte. Pierre Janet symbolise cette période de la psychothérapie, où l'hypnose jouait le rôle exploratoire d'une psychologie du concret courant.

En revanche, la transe hypnotique moderne s'appuie délicatement sur nos incertitudes relationnelles. Notre monde change constamment. La fonctionnalité adaptative remplace des fonctions bien soudées, trop rigides pour notre époque. Moins pesant aussi, l'hypnothérapeute moderne garde le sourire. Il dialogue même lorsqu'il prépare sérieusement la transe : « Nous allons ensemble transformer le drame en jeu, vous avec moi, moi avec vous. *Ma voix vous accompagnera.* Notre stratégie utilisera surtout votre *corps*, tout en visant votre symptôme mental que nous ferons mine toutefois d'oublier. »

Il s'agit d'un labeur en commun. Le thème de l'hypnose s'« hystériserait » trop s'il lui manquait ce projet d'une *stratégie thérapeutique*.

Au passage, rappelons cette peinture de 1900 : une belle jeune femme paraît sommeiller, mi-étendue sur le sofa d'un salon viennois par l'influence d'un brillant médecin et sous le regard intéressé d'un invité non moins élégant. J'ai également le souvenir d'une magnifique séance de suggestion politique post-hypnotique dans le *Mathias Sandorf* de Jules Verne. Rappelons, plus près de nous, les séances distractives d'hypnose collective à l'Olympia, certains étés, sur la grande scène désertée par les vedettes et occupée par le fameux hypnotiseur X, aux yeux fortement magnétiques.

Mais nous avons grand besoin aujourd'hui de thérapies, méthodes, techniques, tactiques telles celles apportées par ce livre clair, simple, ouvert à l'échange. L'hypnose moderne répond à notre impression de ne plus savoir grand-chose en psychopathologie. Elle est cohérente avec un modèle général où le symptôme correspond à une projection sur soi d'un drame contextuel, le sujet est à la fois acteur et agi. Le champ corporel se montre disponible pour aborder, subir et, malgré tout, encore symboliser le blocage existentiel.

Comment approcher ce « corps-là » ? Desoille, à travers le rêve éveillé dirigé, ou Chertok, avec l'hypnose classique, ont rappelé une loi du passage vers lui : il faut séduire, impliquer ou fasciner le « gardien du seuil ». S'engager ensemble au-delà du verbe.

L'hypnose classique a fait sourire. L'hypnose moderne inquiète. Manipulation ? Scandale ? La faille de la dissociation : « Quels risques ! » pense aussitôt le psychiatre, le psychanalyste, le magister. J.A. Malarewicz nous rassure. Il a reçu ce don et acquis cette formation. L'image me vient de son bureau personnel où trône la majesté technique de l'ordinateur-imprimante. L'informatique a fait alliance avec la créativité. De plus, j'ai vu qu'à la clinique de Sceaux ce praticien efficace utilise aussi la vidéo et la glace sans tain, en tant que thérapeute familial. Que de paramètres inattendus pour les orthodoxes, et pourtant employés par bon nombre d'entre nous.

Grâce à un talent supplémentaire, l'écrit didactique, il nous offre ce manuel. La qualité de l'ouvrage est au niveau de la fiabilité assurée des conseils qu'il donne. Ici, les praticiens, les étudiants en psychologie, les futurs psychiatres trouveront les notions de base et les exemples, en bon ordre. Ils recevront dans une excellente présentation les données techniques les plus confirmées.

J.A. Malarewicz a déjà parfaitement présenté l'œuvre de Milton H. Erickson[1]. Je dois citer également notre dictionnaire où il a introduit bien des éléments de ce nouveau savoir[2].

La chapelle éricksonienne se développe peu à peu en France. Elle se trouve en partie hébergée par le mouvement des thérapies familiales.

1. Malarewicz (J.-A.), Godin (J.), *Milton H. Erickson. De l'hypnose clinique à la psychothérapie stratégique*, Paris, ESF, 1986 ; Malarewicz (J.-A.), *La stratégie en thérapie ou l'hypnose sans hypnose de Milton H. Erickson*, Paris, ESF, 1988.

2. Benoit (J.-C.), Malarewicz (J.-A.) et al., *Dictionnaire clinique des thérapies familiales systémiques*, Paris, ESF, 1988.

A Paris, J.A. Malarewicz participe au bureau d'une de ces moyennes paroisses, l'Association de thérapie systémique et familiale (ATSF), qui regroupe plus de vingt associations de thérapeutes « systémiciens ». Il transmet la présence d'Erickson parmi nous. Il nous aide dans nos réflexions sur la complexité relationnelle, *inanalysable*.

L'œuvre de Gregory Bateson domine ce mouvement de pratique et de recherche. Apprentissage ? Mot trop vieux ? Bateson le rajeunit en décrivant ses niveaux logiques. Il trace des distinctions lumineuses entre « percevoir » (niveau 0), « apprendre » (niveau 1), « apprendre à apprendre » (niveau 2 ou deutéro-apprentissage). Le thérapeute, comme le souligne Malarewicz ici dès sa première page, transmet dans un livre ce que ses patients lui ont fait apprendre. Auprès d'eux, il lui a fallu maintenir et développer ses capacités de deutéro-apprentissage, acquérir des informations qui puissent induire de nouveaux modes de relation thérapeutique, susceptibles d'apporter à leur tour de nouvelles informations et donc de modifier les relations. Telle est la spirale créatrice en deutéro-apprentissage.

Le terme de *relation* nous hypnotiserait-il ? Il nous rappelle surtout l'extraordinaire multiplication des phénomènes d'*individuation* (Jung) dans notre civilisation évolutive. La pression interactionnelle de ce temps s'exprime dans la diversification des rencontres, l'apparition incessante de nouveaux liens, la nécessité d'invention de nouveaux modes d'être. *Changements !*

La pratique hypnothérapique emploie le dialogue entre les parties mentales des deux partenaires. Ces dissociations se portent assistance. Dans la transe, la partie inconsciente du patient, « lieu » de création du symptôme, s'offre à la part de la conscience qui s'est dissociée. De là, les manifestations conscientes/inconscientes rejoignent l'état de perception inconscient du thérapeute qui alors communique cette vie bizarre à sa conscience. Plus « classiquement », disons : Ics patient communique au Cs patient qui communique au Ics thérapeute, communiquant au Cs thérapeute ! Le va-et-vient de ces fonctionnements utilise à la fois la dissociation du patient *et* celle du thérapeute.

Cette lisibilité du travail thérapeutique imprègne le manuel qui suit. L'hypnothérapeute vise à une « pédagogie pour adultes », au niveau des ressources latentes du client. Ne s'agit-il pas, grosso modo, d'une partie de ces « réserves » infantiles dont le symptôme lui-même a tiré sa création ? Bateson, encore, montrait que le jeu de l'enfant est l'expérience constitutive des apprentissages relationnels. Il relevait aussi ce fait chez les chatons et les chiots, aisément. Cette évidence banale prend un sens élargi si nous pensons en termes d'apprentissage de nouveaux apprentissages, qui offrent à l'adulte l'issue par-delà la répétition du symptôme.

L'idée qu'un adulte doit apprendre à grandir rejoint ce fait central du « cycle de vie », souligné par les ericksoniens. Pour puiser en soi-même ces créations passées, vers la voie d'un devenir, chacun possède une infinie réserve. Nous vivons chaque nuit la dissociation, autre donnée banale. Nous avons conscience, bien plus que souvenir, de nos rêves. Cette machinerie onirique fonctionne bien, au-delà de l'amnésie apparente.

En hypnose, thérapeute et client se rencontrent dans ces zones d'ouverture. L'« hypnose quotidienne » peut aussi s'apprendre et se perfectionner. N'agissons-nous pas sur autrui quasi constamment par *confusion induite* ? Ne nous laissons-nous pas, aussi, séduire, fasciner, mettre en transe ? Voilà l'autre exemple, le fait diurne, de la complexité relationnelle.

Un psychiatre sérieux présente donc un manuel sérieux sur un sujet lui aussi très sérieux : vouloir guérir autrui par l'hypnose et sans trop de magie ni de mystère.

J.A. Malarewicz se garde d'affirmations tranchantes ou polémiques. Cependant, nous percevons en filigrane des idées-forces. On pourrait deviner celles-ci : « Le discours sans le corps est un leurre. »

En effet, pour l'hypnothérapeute, le corps du client offre le premier élément personnel de la rencontre. L'induction de la transe recherche d'emblée un contact avec ce lieu corporel, où se vit le symptôme et par où passe la recherche de la dissociation. Selon la théorie moderne de la communication, *les relations transitent par le corps*. Souligner cela revient à rappeler que certains « articles de loi » minorisent le langage corporel. Ici, la disponibilité du thérapeute se concrétise d'emblée par son accueil du corps du patient, par son regard et aussi par le vécu de son propre corps. Le thérapeute passe incessamment de soi à l'autre et de l'autre à soi, par la voix, la respiration, la posture, le contact, activement et conjointement.

Notre auteur clinicien note ces précisions en particulier face aux « questions naïves » et aux « questions concrètes » qu'il se pose en lieu et place de son lecteur. Analogies et métaphores de sa pratique thérapeutique, ses réponses le rapprochent de nous. Nous allons lui poser à nouveau cette question presque sotte qui nous vient naturellement à l'esprit : « Le contenu ? Qu'en est-il du contenu ? Que se passe-t-il après l'induction ? Racontez-nous des histoires. Quelles pittoresques aventures nous rapportez-vous de ces voyages au-delà du seuil et du miroir ? »

L'œuvre de Milton H. Erickson abonde en récits savoureux[3]. Le message de ce manuel-ci se veut rigoureux. L'élève hypnothérapeute — comme le disciple du Tao — doit prendre la voie étroite et paradoxale. Le pittoresque, voilà la confusion inutile, sinon néfaste. L'élève hypnothérapeute apprend ainsi que : 1) les techniques d'induction ouvrent simplement la porte ; 2) il appartient au thérapeute de passer le seuil avec son client ; 3) chaque fois, dans chaque séance et dans chaque cas, l'histoire va être différente.

Il faut aussi consacrer son attention au *problème* qui colore le symptôme. Le problème bloque le temps. Face à lui, les tactiques varient : tâtonnement, attaque brusquée, simulacre d'oubli, contournement, etc. La stratégie générale de la cure, pour sa part, comporte une volonté de guérir en réponse à la démarche du malade. Le symptôme et son évolution guident les partenaires. La forme globale de chaque cure se précise face à ces besoins précis du patient. Et, encore une fois selon Bateson, comme souvent en art ou en science, ici en thérapie, le problème ne se dessine clairement que lors de l'accès à la solution.

Ainsi l'idée de processus et de coévolution intervient de façon insistante dans ce livre. Un temps suffisant et approprié doit être consacré à chaque séance. Erickson accompagnait parfois ses patients dans la vie réelle, un peu comme on s'occuperait d'amis en difficulté. Desoille consacrait deux heures à chaque séance de Rêve éveillé dirigé, à un rythme bimensuel. Et, lorsqu'on hypnotise le conjoint de la cliente, devant elle, pour qu'à son tour elle « oublie » ses résistances, voilà encore un autre type de temps thérapeutique !

L'inquiétude gagnera l'apprenti hypnothérapeute : « Saurais-je faire tout cela ? » J.A. Malarewicz vous renvoie à vos ressources. Chacun de nous, dans ces professions psychiatriques et psychothérapiques, recèle des mines de manipulation thérapeutique, des sources intarissables d'induction à la confusion soignante, des connaissances approfondies en double lien créatif.

Alors un bon manuel facilitera les succès du bon élève. Il faut avoir le désir de guérir autrui, en exigeant son aide et en proposant de son côté une aide qui aboutisse au sourire, comme on le voit ci-après. Cet excellent manuel prend en compte une telle ambition. L'hypnothérapeute moderne que nous décrit J.A. Malarewicz, est certes un travailleur de la psychothérapie, mais plutôt *heureux*, dans tous les sens du terme.

Jean-Claude BENOIT

3. Haley (J.), *Un thérapeute hors du commun*, Paris, EPI, 1985. *Changer les couples, conversations avec Milton H. Erickson*, Paris, ESF éditeur, 1990.

REMERCIEMENTS

On ne peut apprendre et progresser dans l'art périlleux de la psychothérapie qu'à partir du contact avec la souffrance des patients qui, au travers de leurs exigences redoutables, forgent bien involontairement l'expérience du thérapeute. Ils trouvent donc ici leur première place.

Mes remerciements vont également à mes collègues de la Société française de thérapie et d'hypnose éricksoniennes, Nicole Bravard, Michel Engel, Valérie Mirabel et Michel Vignier. Ensemble, nous assurons une formation aux techniques d'hypnose et à la thérapie stratégique dont cet ouvrage constitue la base.

L'enthousiasme et la créativité de ceux qui suivent m'ont obligé à préciser et à enrichir l'enseignement de l'hypnose clinique dans ses différentes applications stratégiques : Michel Kérouac qui préside l'Institut québécois de thérapie et d'hypnose éricksoniennes, André Delchambre, formateur à l'Institut Milton H. Erickson de Liège, Anne Schenk et Willi Schenk, directeur du Foyer Saint-Étienne à Fribourg ainsi que Jeffrey Zeig, président de la Fondation Milton H. Erickson de Phoenix. Avec le docteur Jean Godin, nous avons été parmi les tout premiers à introduire ces pratiques en France ; qu'il en soit remercié ! Je dois surtout à mes formateurs en thérapie familiale, Maurizio Andolfi, Anna-Maria Nicolo, Carmine Saccu et Paolo Menghi de m'avoir initié à l'approche systémique. Jay Haley a été le premier à établir un pont entre l'hypnose et la thérapie familiale. Jean-Claude Benoit, *hic et semper*, sait ma gratitude.

A mes parents enfin et surtout.

INTRODUCTION

N'apprenons pas à ne pas hypnotiser

Le premier intérêt de l'hypnose réside dans les questions qui surgissent à son sujet : qu'est-ce que l'état d'hypnose ? Quelle est la nature de la suggestion ? Quel lien se noue entre le sujet et l'hypnothérapeute ? L'hypnose correspond-elle à un état ou à un processus ? En quoi et comment peut-elle être thérapeutique ?...

Le second intérêt de l'hypnose est que ces questions restent, jusqu'à ce jour, sans réponses satisfaisantes.

Je devrais plutôt dire que le fait d'avoir à affronter ce type de problème « induit » ceux qui s'en préoccupent à effectuer un saut épistémologique et méthodologique significatif. Ils arrivent ainsi à dépasser un certain nombre de ces questions, en prenant une position « méta », tout en développant de nouvelles pratiques ou une nouvelle appréhension de certains phénomènes. De ce point de vue, cet ouvrage ne constitue qu'un premier pas dans cette démarche.

D'une certaine manière, l'hypnose pose constamment, depuis maintenant deux siècles, le mystère de la communication. Cela concerne aussi bien les rapports entre les êtres humains et le monde qui les environne, que les liens qui les unissent ou les désunissent. Mais il existe de grandes différences dans la façon dont l'hypnose, chaque fin de siècle, pose le problème de la communication.

L'influence de Mesmer et du mesmérisme est à prendre en compte dans l'ensemble des mouvements d'idées qui ont abouti à la Révolution française ([12]*, p. 63-65). La pratique de ce médecin viennois, à bien des égards « révolutionnaires » et provocante (y compris sur le plan politique), a amené le gouvernement à nommer, en 1784, une commission (quatre membres de la faculté de médecine et cinq membres de la faculté des sciences) qui a eu à se pencher et à se prononcer, pour la première fois, sur un problème d'ordre « psychologique » [10], [51]. Une autre étape s'ouvre ainsi à la fin du Siècle des lumières entre l'obscurantisme, la superstition et l'émergence d'une approche de l'homme qui accepte et tienne compte d'une dimension psychique. Cette première phase peut se résumer ainsi : « L'être humain possède un psychisme qui, grâce au magnétisme animal, le relie à la terre et aux autres corps célestes » (cf. Mesmer, *Mémoire sur la découverte du magnétisme animal*, chez P. Didot, 1779). Son bonheur, son équilibre, son harmonie, pour reprendre la terminologie de Mesmer, dépendent de la continuité « fluidique » entre son corps et l'univers. La nature divine de l'homme est ici « oubliée », et dans cette liberté qu'il gagne l'homme trouve la possibilité de mieux se préoccuper du gouvernement de la société. La condamnation de la Commission royale a été claire et sans appel.

Un siècle plus tard, on sait ce qu'il est advenu des questions qu'a eu à se poser Sigmund Freud à Nancy ou à la Salpêtrière [10]. Mais l'hypnose de la fin du XIXe siècle, encore engoncée dans la conception animiste et fluidique qu'elle a héritée du siècle précédent, est loin de satisfaire un esprit aussi curieux et aussi inventif que celui de cet autre médecin viennois. Et puis, surtout, il y a ces fameuses suggestions post-hypnotiques qui l'amènent à considérer que l'individu, dans ses pensées et ses actes, n'est pas seulement « conduit » par la conscience immédiate qu'il en a, mais également par ces forces obscures et cachées qui constituent, à partir de leur mise en place au cours de l'enfance, son inconscient. La question de la suggestion ne cesse pas de le poursuivre jusqu'à ce qu'il considère qu'il s'agit là d'une forme de la libido ([25], p. 106). Cette seconde phase inaugure une nouvelle approche de l'homme, une nouvelle révolution méthodologique et cette fois-ci thérapeutique : « L'être humain est soumis à une double logique, consciente et inconsciente, dont la plus cachée s'ordonne autour des conflits de l'enfance. » Cette fois, son bonheur et son équilibre dépendent de la résolution, parfois spontanée ou parfois cathartique, de ces con-

* Les numéros entre crochets renvoient à la bibliographie en fin d'ouvrage.

flits qui surgissent entre des instances dont les dénominations ont varié suivant les topiques freudiennes et post-freudiennes.

Comment ne pas mentionner ici la sourde rivalité qui a opposé Pierre Janet et Sigmund Freud [1] ? Le premier, pour n'avoir pas eu à proprement parler d'élèves dans le domaine de la psychothérapie et pour avoir construit un ensemble conceptuel probablement trop abstrait, n'a pas eu le succès du second. Parmi toutes les orientations, les différences culturelles et les préoccupations qui les séparaient, il me semble utile d'insister sur le fait que Freud privilégiait les structures (ses différentes topiques ou métaphores spatiales), alors que Janet a décrit essentiellement des processus (les phénomènes temporels). On note chez ce dernier une prééminence de la notion de « régulation psychophysiologique » qui introduit à la fois l'approche psychosomatique et l'idée d'un ensemble d'interactions entre la vie individuelle et la vie sociale ([36], p. 643).

Près d'un demi-siècle plus tard, l'hypnose revient. Cette fois-ci, dans la suite de Milton H. Erickson [43] [58], il s'agit d'une œuvre de communication, de changement et d'apprentissage. Pour le reste, il est sans doute trop tôt et sans doute trop prétentieux de vouloir prendre le recul que permettent le temps et l'expérience.

Alors, pourquoi ne pas apprendre à ne pas hypnotiser ? Pourquoi, de façon plus immédiate, rédiger un cours d'hypnose, *a fortiori* un cours d'hypnose clinique ? La première raison serait de prétendre qu'il en est de l'hypnose comme de la prose et qu'ainsi il s'agirait simplement de mettre en forme et en mots les techniques que chacun emploie pour communiquer avec ses semblables. La deuxième raison serait de nature paradoxale et compléterait la première, malgré les apparences : il vaut mieux connaître les techniques d'hypnose pour ne pas avoir à les utiliser tout en sachant qu'on ne peut les oublier et encore plus s'en passer. La troisième raison est qu'à tout prendre, et dans une bonne logique éricksonienne, il est préférable que le lecteur y trouve lui-même ses propres intérêts et que, déjà parvenu à ce point de la lecture, il ne peut pas, probablement, éviter d'aller plus loin.

Enfin, dans la mesure où ce type de question ne peut recevoir qu'une réponse personnelle, le lecteur trouvera dans cet ouvrage, à la suite des considérations les plus techniques, les informations que je peux apporter en ce qui me concerne plus directement.

1

LA STRATÉGIE DE CHANGEMENT

Les métaphores de la stratégie

La notion de changement a introduit de nouvelles dimensions dans les Sciences Humaines et notamment dans le champ de la thérapie. Tout changement s'inscrit dans une dynamique spécifique et dans un contexte particulier. Avec la notion de changement s'impose la notion de stratégie pour la simple raison que la complexité de l'être humain dans ses rapports avec son écosystème ne peut se satisfaire de changements qui concernent simplement et exclusivement les problèmes immédiats qu'un thérapeute est amené à rencontrer dans sa pratique.

Quels que soient les techniques ou l'appareil conceptuel qu'il utilise, un thérapeute ne peut faire l'économie de la question suivante : « Que puis-je faire pour que les effets de la thérapie se prolongent au-delà de mon intervention ? »

Cette question — et les implications qu'elle amène — peut se résumer sous la forme d'un schéma qui pourra paraître laconique (fig. 1) avant de trouver ses prolongements dans le corps de cet ouvrage.

Dans toute la palette des approches du symptôme ou du patient dont un thérapeute peut disposer, qu'il s'agisse d'un abord purement psychique (type psychanalytique) jusqu'à un abord purement corporel (type relaxation), il se doit de trouver des outils qui lui conviennent.

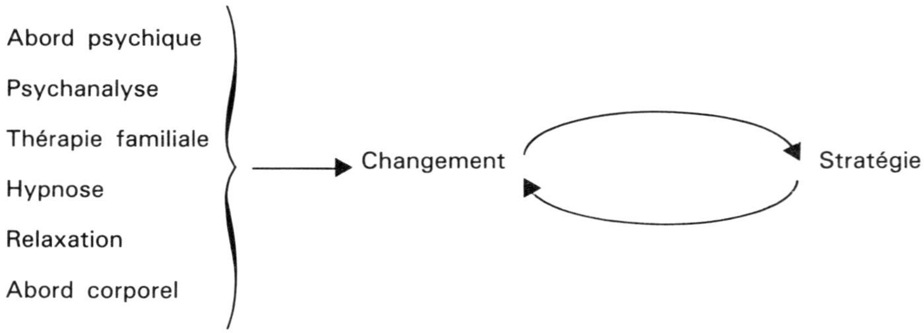

Figure 1

Même s'il n'emploie pas ce vocabulaire ou cette méthodologie, il cherche inévitablement à provoquer un changement, à un quelconque niveau, dans l'expérience (de la plus grande subjectivité à la plus grande objectivité) que vit le patient dans sa souffrance. Au-delà, afin de conforter son travail, il ne peut éviter d'avoir une stratégie qui lui permette de considérer que son intervention est non seulement congruente mais également pertinente pour le patient [44].

Avec l'hypnose moderne, le thérapeute trouve des moyens et des techniques qui lui permettent de mieux appréhender les points suivants :

— Comment puis-je avoir à la fois un abord corporel et psychique d'un symptôme ?

— Comment être moi-même mon meilleur outil thérapeutique ?

— Comment puis-je progresser en tant que thérapeute ?

— Comment puis-je être inventif en thérapie ?

A ces questions, les métaphores et les illustrations suivantes tenteront de donner une autre forme sinon un début de réponse.

Les métaphores du processus hypnotique

Dans cet ouvrage, consacré aux techniques d'hypnose, les termes de « suggestibilité », d'« hypnotisabilité », d'« induction », de « profondeur de transe », seront peu utilisés [9]. Il ne s'agit pas ici, en effet, d'un ouvrage d'hypnose expérimentale qui puisse se pencher sur quelques-unes des questions que pose l'existence de cette situation spécifique. De plus, ces notions renvoient davantage à une conception de l'hypnose en tant qu'état plutôt qu'en tant que processus. L'hypnose est avant tout un processus dans lequel peut prendre place la visée thérapeutique. C'est la raison pour laquelle j'emploierai plus volontiers ici les termes de « processus hypnotique » plutôt que ceux d'« état d'hypnose » ou de « transe hypnotique ».

Ma préoccupation sera exclusivement clinique. Il s'agit de permettre au lecteur de mieux connaître (voire même de démythifier) cette pratique et de lui en donner une image accessible et facilement utilisable. A cette fin, il n'est pas inutile de préciser certains points afin d'écarter d'emblée les a priori qui s'attachent habituellement à l'hypnose.

Ce que n'est pas l'hypnose

L'hypnose n'est pas une thérapie

L'hypnose, en elle-même, n'est pas une thérapie. Elle est un des outils que peut utiliser un thérapeute face à telle ou telle situation en fonction de son expérience, de la spécificité de cette situation et, enfin, selon la demande du patient. En ce sens, elle n'est rien de plus qu'un autre instrument d'intervention. Autrement dit, elle exige une technicité particulière qui ne se réduit pas à l'induction de la transe hypnotique. En fait, induire un processus hypnotique est relativement facile, faire « sortir » le sujet de sa transe demande encore plus d'expérience (car le sujet s'y trouve généralement fort bien), mais faire en sorte que cette hypnose soit profitable à un patient s'apparente à la création d'une œuvre d'art avec toute l'inventivité, la technicité et l'expérience que cela suppose.

Le processus hypnotique ne correspond pas au sommeil

L'appauvrissement sensible de la mobilité ainsi que l'effacement de toute communication « sociale » habituelle ont pu longtemps donner l'impression que le processus hypnotique correspond au sommeil ou s'en rapproche. Il n'en est rien. Toutes les recherches électro-encéphalographiques n'ont pu établir de similitudes entre ces deux états [56]. Tout au mieux peut-on parler ici d'« état de conscience modifié », ces termes renvoyant à une approche psychologique de cette situation en l'absence d'éléments neuro-physiologiques.

L'hypnose ne correspond pas à la mainmise de la volonté d'une personne sur une autre

De nombreuses expériences ont cherché à éclaircir ce point, essentiellement pour répondre aux détracteurs de l'hypnose qui trouvaient là le moyen de refuser ce type de thérapie. Toutes ces expériences ont démontré qu'en utilisant exclusivement l'hypnose, à l'exclusion de tout autre moyen associé (comme par exemple des psychotropes, des psychodysleptiques ou des hallucinogènes), il était impossible de faire accomplir par une personne des gestes ou des actions contraires à la morale qui prévaut au moment des faits ([19], p. 491 et suiv.).

L'hypnose ne correspond en rien à de la magie

Il arrive bien fréquemment, et cela n'a aucun lien avec le niveau socio-culturel du sujet, que la technique hypnotique soit assimilée à une intervention magique. L'hypnose est alors attendue comme une intervention chirurgicale susceptible de permettre au thérapeute de « retirer de la tête du patient » les « mauvaises idées » ou les pensées qui l'obsèdent ou modifient ses comportements. L'hypnose en elle-même n'est pas magique, ce que le patient veut, ou pense pouvoir en attendre, s'y apparente fréquemment.

Cependant, au cours de son travail, le thérapeute ne peut pas toujours éviter d'utiliser des techniques qui évoquent la magie, notamment dans les manifestations de son intuition et, comme je le développerai dans le chapitre 2, dans son utilisation du langage non verbal. Cela lui permet alors de mieux « structurer » ses interactions avec le patient. Il alimente ainsi la coopération et la confiance de son sujet.

La profondeur d'une transe n'a aucun rapport avec son efficacité

On trouve à ce sujet dans l'hypnose classique (celle qui a prévalu jusqu'au milieu de ce siècle) qu'il y avait un lien immédiat entre l'importance de la profondeur de transe et son efficacité thérapeutique.

En dehors de l'hypnose expérimentale, où cette notion constitue un des éléments qui peuvent intéresser le chercheur, le thérapeute accorde peu d'importance à la profondeur de la transe, c'est-à-dire à l'importance des phénomènes hypnotiques qu'il induit. Pour lui ces phénomènes doivent surtout être utiles au patient et ne pas alimenter le caractère éventuellement spectaculaire de l'hypnose. Quelle que soit la profondeur du processus hypnotique, elle peut être utile pour le sujet, et la stratégie que peut développer le thérapeute ne se résume pas, loin de là, à la profondeur de cette transe.

Les techniques d'hypnose diffèrent du processus hypnotique

Les techniques que peut utiliser un thérapeute sont à distinguer de l'état d'hypnose proprement dit. Il est ainsi beaucoup plus facile de décrire ces techniques que d'analyser précisément ce qu'est le processus hypnotique. Seul le patient est en mesure de qualifier cette expérience, car il est seul en mesure de juger, puisqu'il s'agit d'une expérience subjective, la qualité émotionnelle et sensorielle de ce qu'il vit. Cela sera d'ailleurs développé ultérieurement.

Il s'agit donc d'emblée d'établir une distinction entre la démarche d'un patient envers un thérapeute qui est réputé utiliser l'hypnose et ce qu'il peut effectivement en attendre.

La démarche du patient peut, avec un brin de caricature, se résumer ainsi : « Je cherche une thérapeutique magique et rapidement efficace où je rentrerais dans un état second pour en sortir définitivement guéri de mes problèmes. »

La réponse du thérapeute peut à son tour, à ce point de mon exposé, s'énoncer ainsi : « L'hypnose est une technique qui peut vous permettre d'expérimenter des changements tout en restant parfaitement vigilant. »

Les différentes manières de comprendre l'hypnose

A ces a priori maintenant clairement définis peuvent à présent se substituer certaines notions qui, dans l'esprit d'un thérapeute, fonctionnent ou peuvent fonctionner comme des postulats.

La technique hypnotique est œuvre de communication

A bien des égards, la situation de deux personnes en interaction, où l'une d'entre elles cherche à produire chez l'autre un processus hypnotique, est paradigmatique de toute interaction thérapeutique. Il s'agit de persuader le patient qu'un changement est pour lui possible. C'est la définition minimale qu'on puisse donner de l'interaction thérapeutique à la suite des travaux de l'École de Palo-Alto ([5], article « Palo-Alto ») dans le renversement épistémologique qu'elle a apporté. L'influence qu'a exercée Milton Erickson dans le développement de cette nouvelle approche, au travers des contacts qu'il a pu avoir avec J. Weakland ou J. Haley [29], s'est essentiellement faite grâce aux techniques de communication qu'il a pu montrer dans sa pratique de l'hypnose [31], p. 151).

Par ailleurs, la technique hypnotique peut être considérée comme une des plus anciennes techniques thérapeutiques lorsque le fait de soigner relevait encore du domaine essentiellement religieux. Mais comme la communication [52], la technique d'hypnose est devenue pragmatique ; cela signifie qu'elle est facilement transmissible parce qu'aisée et reproductible.

L'hypnose est un processus dans lequel le thérapeute trouve un contexte d'intervention

Pour le sujet, l'état d'hypnose constitue une expérience spécifique qui se déroule comme un processus lui-même caractérisé par des variantes que j'aurai l'occasion de développer. Pour le thérapeute, ce processus est un contexte dans lequel peut se dérouler la thérapie. Le contexte n'est pas en lui-même thérapeutique. Autrement dit, il ne suffit pas de mettre une personne en état d'hypnose en demandant au symptôme de disparaître pour que la guérison s'ensuive. Ce qui peut être thérapeutique est l'apprentissage que peut faire le patient dans cette situation spécifique.

Le processus hypnotique est banal

Milton H. Erickson a développé la notion de « transe commune quotidienne » (*common everyday trance*) pour illustrer la banalité de l'état de transe hypnotique dans sa forme la plus légère. Il nous arrive, en effet, régulièrement et quotidiennement, de connaître, sans les reconnaître, ces états de conscience modifiés, parfois très brefs parfois plus longs, où nous nous échappons de la situation immédiate pour rester suspendus à d'autres pensées, à d'autres préoccupations.

Permettre à un patient d'identifier ces épisodes constitue déjà une redéfinition très utile du processus hypnotique afin d'en démontrer le caractère peu spectaculaire.

L'hypnose exige la coopération et la confiance

Un thérapeute ne peut utiliser l'hypnose formelle (telle qu'elle est décrite dans cet ouvrage) qu'avec un sujet ou un patient qui le demande et/ou le souhaite. Cette demande doit être évaluée par le thérapeute pour en écarter éventuellement les a priori décrits plus haut. A l'inverse, il apparaît ainsi évident qu'on ne peut hypnotiser quelqu'un à son insu, de la même façon qu'on ne peut soigner un patient, avec des techniques psychothérapiques, contre sa propre volonté.

Le processus hypnotique est une auberge espagnole

Le sujet trouve dans l'expérience hypnotique ce qu'il y amène. Plus précisément, il découvre dans l'hypnose des capacités et des ressources dont il peut disposer tout en ignorant les posséder. L'hypnose n'est rien d'autre qu'un contexte, tout à fait spécifique, j'insiste sur ce point, et qui a pour particularité d'être un espace de découverte pour le patient qui s'aventure ainsi dans ses propres bagages, ceux qui l'accompagnent depuis les tout premiers temps de son existence.

La métaphore de la maison entourée de son jardin

Une maison entourée de son jardin attire la convoitise d'un voleur. Cette maison, son jardin et ce voleur vont cependant se comporter d'une manière inattendue. C'est ce que nous allons voir maintenant (fig. 2).

Une des premières choses à laquelle le voleur doit se heurter est le fait, en apparence évident, qu'il doit traverser le jardin pour pénétrer dans cette maison. Or cela lui pose immédiatement un problème car un chien dont l'aspect n'est pas très engageant garde ce jardin et donc la maison qu'elle contient. Notre voleur éprouve quelques difficultés à contourner ce premier obstacle avant de s'apercevoir qu'il a emporté, dans son grand sac, un os auquel ce chien ne refusera certainement pas de s'attaquer. Comment cet os est arrivé dans ce sac ne manque pas de lui poser également des questions mais il juge, avec raison, que ce n'est sûrement pas le moment ni le lieu de tenter de répondre à cette nouvelle énigme. Voici notre voleur en mesure de traverser ce jardin avant de pouvoir pénétrer dans la maison. Au passage, il note, non sans en être surpris, que la porte n'est pas fermée. Assez rapidement, il met cela sur le compte de la confiance que peut avoir le propriétaire envers son chien pour ne pas juger utile et nécessaire de prendre des précautions supplémentaires. Après tout, cela ne le con-

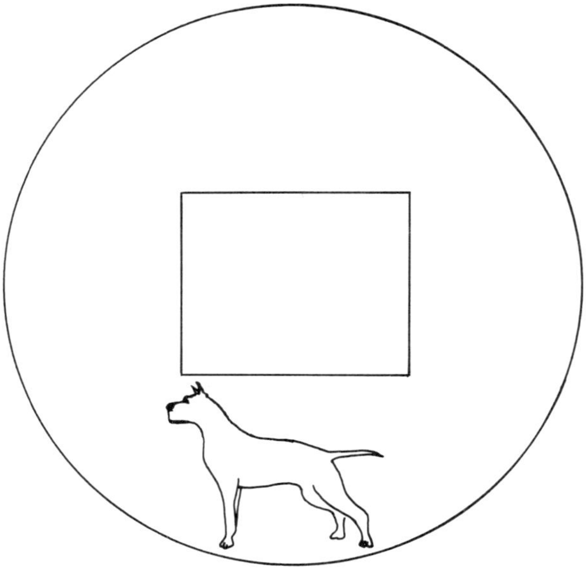

Figure 2

cerne pas outre mesure. Le voici dans la maison. N'obéissant qu'à son devoir, il se met alors en demeure de déplacer, sans ordre ou sans désordre apparent, certains des objets et certains des meubles qui occupent cette maison. Il se trouve que, ce jour-là, encore une fois sans en connaître vraiment les raisons, il met la grande armoire de la chambre à coucher dans la cuisine. La vieille commode oubliée dans le grenier se retrouve au beau milieu du salon, quelques casseroles dans l'entrée et la bibliothèque dans la salle de bains. Poursuivant son « déménagement », il retire les chandeliers pour les poser sur la cuisinière et les tableaux pour les entreposer dans le réfrigérateur. Son travail bien accompli et après avoir essentiellement suivi son intuition, il quitte, satisfait, cette maison. La porte est refermée avec précaution alors que le chien, toujours occupé par son os, laisse repartir cet étrange visiteur. Ce dernier peut enfin essayer de comprendre la raison pour laquelle il avait, ce jour-là, emporté cet os dans son sac.

Un sujet, dans la situation d'hypnose, se présente comme ce jardin entourant une maison. Le chien, grâce à la vigilance qu'il déploie, lui sert de conscient face aux intrusions des autres et, en l'occurrence, face aux velléités thérapeutiques du voleur. Sa maison est son inconscient. L'important, pour bien comprendre cette métaphore, est de constater que le voleur ne sort rien dans le jardin, ce qu'en d'autres lieux on appelle faire des « insights », c'est-à-dire rendre conscients des éléments jusque-là enfouis dans l'inconscient du sujet. De même il n'introduit rien dans cette maison si ce n'est la fantaisie et l'imagination qu'il met dans son déménagement, ce qui certes est déjà beaucoup mais ne correspond pas à ce qu'en d'autres lieux encore on appelle « faire des interprétations ».

Il est bien d'autres façons de « lire » cette métaphore, ce que je laisse au lecteur.

L'observateur de soi-même

Ce qui différencie l'hypnose de toutes les autres techniques qui en dérivent souvent (relaxation, training autogène de Schultz [50], sophrologie...) est qu'ici le thérapeute cherche à obtenir volontairement un état de dissociation chez son sujet. Je reviendrai fréquemment sur cette particularité. Elle aboutit à ce que le sujet soit à la fois dans la situation d'observateur et d'observé selon des modalités qui seront développées plus loin. Il est absolument indispensable de bien comprendre le phénomène de dissociation pour appréhender la spécificité de l'hypnose. En ce sens il y a, pour moi, analogie entre processus hypnotique et processus de dissociation.

L'hypnose est avant tout une technique corporelle

Quels que soient les différents niveaux d'intervention du thérapeute, leur point commun, en même temps que leur base, est qu'ils concernent toujours le corps du sujet, c'est-à-dire l'insertion musculaire du symptôme, quel que soit son niveau de complexité. Et cette insertion obéit davantage au schéma corporel du sujet qu'aux règles de l'anatomie. Cela constitue une des originalités de la technique hypnotique en ce qu'elle ne privilégie pas une approche par rapport à une autre, notamment dans la fréquente dichotomie entre les choses du corps et celles de l'esprit.

Les métaphores du changement

La notion de changement se laisse assez facilement théoriser. Je veux dire par là qu'elle est bien plus riche que la notion de guérison. Dans le domaine de la thérapie, elle permet de relier ce qui se produit pour le patient aussi bien à son écosystème qu'à son cycle de vie. Ces niveaux d'interaction doivent structurer d'emblée la stratégie que le thérapeute va choisir.

Le faux jardin avec une maison au milieu qui n'en est pas une

Lorsque le patient effectue une demande d'aide auprès d'un thérapeute et que cette demande est suivie d'une rencontre, l'un et l'autre conviennent ensemble d'effectuer une manière de voyage, une espèce d'itinéraire (fig. 3).

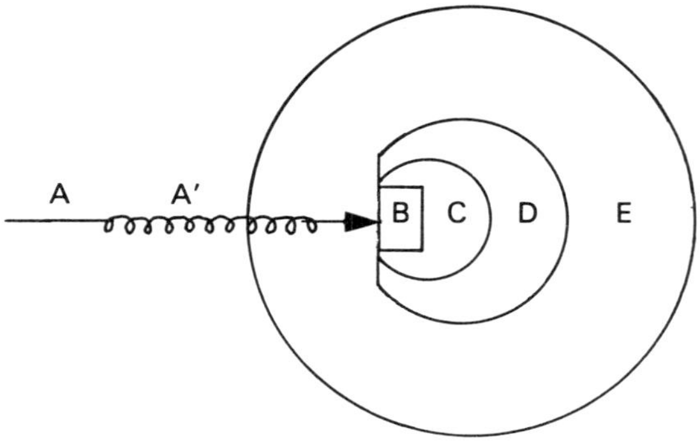

Figure 3

Le thérapeute estimera sans doute utile, voire nécessaire, de « travailler » avec cette demande. Il effectuera ce qu'il peut appeler des recadrages qui viseront essentiellement à relativiser cette demande ou, mieux encore, à mettre en évidence ce qui est probablement insupportable pour chacun de nous comme pour ce patient, c'est-à-dire de « changer ». Cela ne nie en aucune manière la souffrance. Il s'agit simplement de déterminer, assez rapidement, en quoi cette souffrance cache des éléments d'homéostasie ([5], se référer à cet article) qui assurent le non-changement dans les relations que le patient entretient avec son entourage autour de ce symptôme et de cette souffrance.

Mais une démarche n'est pas nécessairement une demande et l'on pourrait peut-être établir une distinction entre des symptômes qui aboutissent à une démarche et d'autres qui aboutissent à une demande. Cela reste à faire. Ce que l'on sait mieux maintenant, c'est concevoir que le symptôme ne se forme que dans la mesure où « en face » une structure de soin est en mesure de l'entendre et de le prendre en charge. Le thérapeute est, en quelque sorte, anticipé par le patient. Il est parfois rapidement inclus dans une stratégie qu'engendre et que contient le symptôme.

La première étape de ce voyage vers ce qui peut pour le patient, et accessoirement pour le thérapeute, paraître un changement significatif sera, en quelque sorte, linéaire (A) et sera constitué de tout ce travail d'éclaircissement. Mais très rapidement, et cela est inévitable lorsqu'il s'agit de changement (mais peut-il s'agir d'autre chose dans les rapports humains ?), ce voyage va prendre l'aspect d'une circularisation des causes et des effets. Le problème est qu'il est très difficile de représenter cela ; tout au mieux, peut-on imaginer la courbe que dessine dans un espace à trois dimensions un ressort hélicoïdal (A'). Dans ce trajet qu'ils effectuent en commun, le thérapeute et son patient font une première rencontre, celle du symptôme. Le symptôme constitue la compétence immédiate du sujet, ce qu'il « sait faire », ce qu'il « montre » et « apporte » en thérapie (B) avec toutes les distinctions qu'on peut introduire ici. Jusque-là, les choses semblent relativement claires et simples. Mais, c'est à ce point que tout se complique. Autour du symptôme apparaît alors un premier contexte : le corps du patient (C). Il faut préciser que la surprise est surtout pour le thérapeute. Le sujet sait depuis bien longtemps qu'il a un corps même si ce corps se manifeste surtout depuis qu'il « porte » un symptôme. Pour le thérapeute, en revanche, cette constatation entraîne des réactions (qui vont de l'ignorance à l'aveuglement) et des réflexions (qui parcourent toutes les étapes qui séparent le bon sens de la théorie encyclopédique) dont la variété ne peut que surprendre un observateur attentif mais malgré tout naïf. Cependant, le thérapeute n'est pas arrivé au bout de ses peines car il lui apparaît assez vite qu'autour de ce premier contexte se manifeste un autre contexte (D) dont la consistance prend forme en même temps que le patient lui parle de sa conjointe, de ses enfants (le corps familial), voire de sa vie professionnelle. Quelle ne serait pas sa surprise s'il pouvait être doué de la capacité de dédoublement, c'est-à-dire de la possibilité d'être là et ailleurs, pour s'apercevoir qu'autour de cet autre contexte vient s'installer encore une autre frontière ; celle qui délimite ce phénomène bien particulier qu'on intitule la thérapie (E) et dans laquelle il s'est engagé avec son patient. Les limites de la thérapie englobent elles-mêmes un nouveau contexte (le corps thérapeutique) qui est un de ceux où se joue également le devenir de la thérapie.

Il faut préciser maintenant que toute ressemblance entre la figure 2 et la figure 3 n'est absolument pas fortuite et qu'elle ne résulte pas du hasard. C'est dire que la thérapie ressemble à un jardin qui possède une maison ou que, pour le moins, les métaphores qui en tiennent lieu ne sont pas étrangères l'une à l'autre.

Ce voyage, s'il prétend rendre compte de ce qu'il en est du changement, doit situer cette notion dans notre schéma. La notion de changement ne peut être séparée de la notion de contexte. Un changement correspond à un apprentissage dans un contexte bien spécifique. Le passage d'un type de changement à un autre correspond au passage d'un contexte à un autre, le second englobant le premier. Autrement dit, un apprentissage de type 2 (deutéro-apprentissage) correspond à un apprentissage de type 1 (appris dans un contexte de type 1) appliqué et utilisé dans un contexte de type 2 et ainsi de suite ([3], tome 1, p. 253).

Ainsi le changement de type 1, dans ce schéma, correspond au symptôme, le changement de type 2 correspond au corps du patient (l'invention de nouvelles relations), le changement de type 3 renvoie, quant à lui, au contexte de vie immédiat du patient (le développement d'un nouvel ensemble interactionnel). Le changement de type 4 correspond en toute logique à la thérapie. Ce n'est que dans la mesure où des changements peuvent intervenir à ces quatre niveaux, dans ces quatre contextes, que le thérapeute peut alors « quitter » la thérapie et le patient devenir son propre thérapeute ([45], p. 82).

Je prendrai ici un exemple, celui d'un problème de douleur. Lorsque le patient prend un antalgique, il tente d'effectuer un changement de type 1, celui qui concerne directement son symptôme. S'il pratique des exercices de relaxation il effectue un changement de type 2. Lorsqu'il essaye de travailler sur les interactions que sa douleur entraîne dans son milieu familial et à les modifier, il entraîne un changement de type 3. Lorsque, enfin, il apprend, en plus, dans la thérapie à mieux gérer et à mieux contrôler son symptôme, il effectue un changement de type 4, car il redevient, en quelque sorte, son propre thérapeute ; il apprend dès lors à sortir du contexte de la thérapie elle-même.

Les trois boîtes

Lorsqu'il rencontre un patient pour la première fois, le thérapeute se munit d'un certain nombre d'outils parmi lesquels il va choisir ceux qui lui paraissent les plus utiles pour conduire cette thérapie (fig. 4).

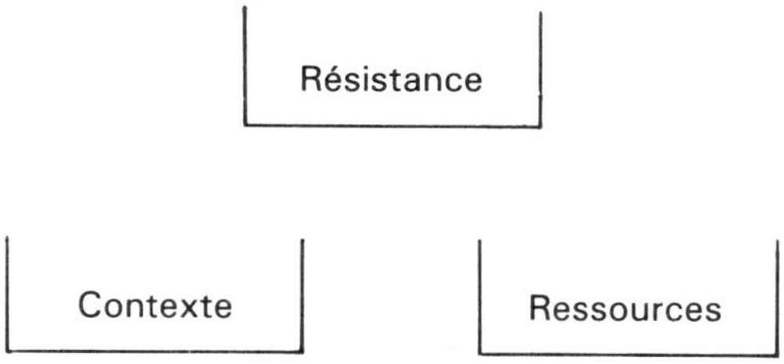

Figure 4

Près de son siège, ce qui parfois ne manque pas d'étonner son patient, il a disposé des boîtes, plus exactement trois boîtes. Chacune d'entre elles a une forme différente, elles ne sont pas de la même couleur et, par ailleurs, elles se différencient par d'autres caractéristiques tout à fait indéfinissables mais que seul le thérapeute connaît. Dans son esprit, chacune de ces boîtes a une fonction bien précise. La première boîte va lui permettre de recueillir les éléments de résistance du sujet, elle s'appelle RÉSISTANCE. Par exemple, lorsqu'il s'entend dire qu'il est le meilleur thérapeute de la ville ou du département, il s'empare discrètement de cette « vérité » pour en garnir la première boîte. Il le fait discrètement, car il ne veut pas montrer qu'il n'accorde aucun crédit à une telle remarque. La seconde boîte va contenir tout ce qui concerne le contexte du patient, elle porte l'étiquette CONTEXTE. Si l'épouse du patient surgit dans la conversation, elle se retrouve très vite dans la boîte. D'une manière habituelle, il est peu probable qu'elle risque de s'y ennuyer. D'autres personnes viennent la rejoindre : enfants, chef de service, parents, thérapeutes, psychiatres... La dernière boîte prendra, au fur et à mesure de l'entretien, une tonalité différente et relativement inattendue dans ce contexte. Elle s'encombre des ressources du patient, elle s'intitule RESSOURCES (au pluriel). C'est à la fois la plus intéressante et la plus utile des trois boîtes, mais également la plus difficile à remplir car ce n'est pas dans les habitudes du thérapeute que de considérer et d'évaluer l'aspect positif des comportements de son patient qui, il est vrai, l'inonde de son homéostasie souffrante, ce que j'appelle l'aspect le plus efficace de sa souffrance. A première vue, ce qu'elle contient peut parfois paraître surprenant : la possibilité de changer facilement de symptôme, son goût pour la musique ou la peinture, sa capacité de séduire (même en l'absence de tout enjeu sexuel)...

D'une manière habituelle, il suffit d'une séance pour remplir les trois boîtes de telle manière que toute la thérapie puisse y trouver des éléments. A chaque instant, le thérapeute va puiser dans l'une de ces trois boîtes la matière avec laquelle il « construira », avec la pleine collaboration du patient et avant de la lui restituer, une nouvelle réalité susceptible de l'intéresser. Pour cela, il ne peut négliger ou laisser sans suite aucun des contenus de chacune des trois boîtes. Il est même très probable que la thérapie échouera s'il laisse de côté l'un de ces contenus, car les changements doivent intervenir à chacun des niveaux, dans chacun des contextes, que ces boîtes peuvent mobiliser.

Questions naïves

Quelles sont les indications de l'hypnose ?

Dans la mesure où l'hypnose n'est pas une thérapie, elle n'a pas, à proprement parler d'indications. Il me semble sur ce point préférable d'adopter une position souple qui tienne compte d'un certain nombre d'éléments. Ainsi le fait que j'utilise ou non une technique intitulée « hypnose » peut être déterminé par la demande de mon patient mais ne doit pas outrepasser mes compétences. Autrement dit, le thérapeute peut utiliser l'hypnose dans la mesure où son patient le lui demande ; cela doit rester son choix et ne pas lui être imposé par d'autres circonstances. De plus, je travaille d'autant mieux avec un patient que j'aurais « envie » d'utiliser avec lui telle ou telle technique et, à la limite, dans la mesure où je peux moi-même y trouver un certain plaisir. A l'inverse, je ne me sers d'une telle approche que dans la mesure où il s'agit là de techniques avec lesquelles je me sens à l'aise. Là, également, cela dépendra de la situation qui m'est soumise par le patient. J'ajouterai cependant que dans deux cas particuliers l'hypnose est « difficile » à utiliser. Il s'agit de la paranoïa et des problèmes liés à l'abus de stupéfiants et d'alcool. Dans le premier cas, il est assez probable que la méfiance du patient rendra toute tentative vouée à l'échec. De toute manière, il est assez rare que ce type de patient fasse une démarche allant dans ce sens envers un thérapeute. Dans le second cas, au contraire, la demande peut être assez fréquente. C'est ici l'extrême habileté que peut avoir ce type de patient pour parcourir tous les niveaux de conscience, parfois même sans l'apport de substance exogène, qui rendra ici très périlleuse la tâche du thérapeute.

Peut-on s'aider de l'hypnose pour faire un diagnostic, par exemple dans l'hystérie ?

Grâce à la question qui précède, j'ai pu clarifier la notion d'indication de l'hypnose. Or, lorsqu'on parle d'indication, on suppose l'emploi d'une grille de décodage comme peut l'être la nosographie classique. D'une certaine manière, la question de l'indication revient sous une autre forme. Dans la conception classique de l'hystérie, l'hypnotisabilité faisait partie de son tableau clinique ; autrement dit, il était plus facile d'hypnotiser une patiente hystérique, car cette facilité la définissait comme telle. Avec l'abandon de la notion d'hypnotisabilité, que devient l'hystérique ? Cette question est intéressante à plus d'un titre car elle va me permettre de clarifier, d'une autre manière, le rapport au corps qui peut s'organiser dans la séance d'hypnose. J'ai le sentiment qu'avec un(e) patient(e) hystérique les résistances sont plus difficiles à contourner et à utiliser ([45], p. 59). Cela peut donc servir, si l'on y tient absolument, de critère diagnostique. La raison m'intéresse davantage. Il me semble bien que la capacité de « créer » un symptôme se manifeste plus facilement et plus rapidement chez ce type de patient que chez d'autres. Il leur est plus facile de s'autohypnotiser, c'est-à-dire d'induire pour eux-mêmes une mise en acte physiologique de leur souffrance au travers des croyances attachées à leur schéma corporel. C'est ce que peut expliquer, à mon sens, la difficulté du thérapeute, confronté à un type de patient plus habile que lui dans le maniement du processus de dissociation. Je pourrais dire cela d'une autre manière, à savoir que cet(te) patient(e) a appris à se servir de cette possibilité avant d'avoir fait appel à un thérapeute.

En poussant encore plus loin mon raisonnement, je peux avancer l'hypothèse que tout phénomène pathologique est issu, ou s'est manifesté, à l'occasion d'un phénomène de dissociation (entre le patient et une partie de son corps ou de son expérience subjective de certains événements de son existence), avant que sa souffrance, en même temps que son symptôme, ne s'autonomise et, dans le même mouvement, n'échappe à son contrôle dans une boucle de rétroaction négative ([5], article « Rétroaction »).

Comment nommer la personne qui utilise l'hypnose : hypnotiste, hypnothérapeute... ?

Étant peu attiré par les néologismes, j'utilise le plus souvent, dans cet ouvrage, le terme de thérapeute. Les Américains se servent fréquemment du mot « hypnotist » qu'on peut rendre donc par le terme

« hypnotiste ». « Hypnothérapeute » me paraît un terme barbare et rebutant. En tout état de cause, il me semble surtout qu'un « thérapeute » doit avoir à sa disposition un ensemble de techniques dont l'hypnose peut faire partie ; c'est la raison pour laquelle je conserve ce terme. A contrario, il me paraît difficile pour un thérapeute d'avoir pour seule technique l'hypnose. La pratique de l'hypnose est difficile et ne peut répondre à elle seule à la diversité des situations de demande des patients. Erickson lui-même n'utilisait l'hypnose qu'avec environ un tiers à un quart de ses patients. Il m'arrivera également d'utiliser le terme d'opérateur par opposition à celui du sujet.

Est-ce que le sujet est conscient de ce qu'il fait ou dit ?

Cela semble tout à fait évident pour tous les sujets. Certains en sont déçus : ils croyaient pouvoir entrer dans quelque état second, d'autres en sont satisfaits : ils avaient peur de tenir des propos qu'ils pouvaient regretter, tous en sont surpris. Le phénomène cardinal du processus hypnotique est constitué, comme je l'ai déjà dit, par la dissociation. Cette notion est difficile à décrire, car elle reflète une situation éminemment subjective que seul le sujet est à même de décrire avec pertinence pour lui-même et à un moment donné. Cependant, dans la mesure où le sujet est dissocié, encore une fois selon sa propre subjectivité, il ne peut que rester « conscient » de ce qu'il peut dire ou faire. Ce problème est lui-même à « dissocier » de celui de l'amnésie comme j'aurai l'occasion de le développer plus loin.

Est-ce que le sujet est libre de refuser ce qu'on lui propose ?

Absolument ! Un des intérêts de la dissociation est que le sujet n'a pas à se « remettre » totalement entre les mains du thérapeute. Il amène ce qu'il veut dans la thérapie et garde la possibilité de refuser à chaque instant ce que peut lui proposer le thérapeute. Cependant, il reste évident que, comme dans n'importe quelle technique thérapeutique, le thérapeute doit avoir l'honnêteté d'utiliser l'hypnose seulement dans la mesure où il l'estime utile pour le patient, selon les modalités qui lui paraissent être en accord avec sa personnalité et avec des finalités qui respectent celles qui motivent la demande du patient. L'hypnose ne prétend pas permettre au thérapeute de faire l'économie d'une éthique professionnelle.

Quelle est la place de l'intuition et de la créativité dans le travail du thérapeute ?

Leur place est cruciale car de cette créativité et de cette intuition dépend la pertinence du travail thérapeutique. Une des notions fondamentales qu'a développées Erickson est le fait que chaque être humain est unique et que chaque thérapie doit être également unique. Pour pratiquer l'hypnose clinique, le thérapeute a moins besoin de théorie que d'intuition et de créativité. Même s'il s'agit là de notions très subjectives, il est difficile de ne pas mentionner ici qu'il semble bien que, lorsqu'il utilise l'hypnose, un thérapeute est lui-même dans un processus hypnotique et que, de ce fait même, sa créativité et son intuition se trouvent exacerbées. Il en résulte qu'il est généralement inutile de préparer une séance d'hypnose. Tout se passe comme si la créativité du thérapeute se mobilise sans qu'il ait besoin de se forcer. J'ai moi-même le sentiment que ma séance s'organise d'elle-même, que les idées, les métaphores ou les hypothèses qui me viennent à l'esprit établissent une cohérence que la raison ne peut, à elle seule, promouvoir ou justifier. Ce sentiment est doublé d'une sensation de confort et de détente où parfois se manifestent des modifications sensorielles telles que la légèreté ou l'engourdissement d'un bras en résonance avec ce que je peux chercher à induire chez mon patient. J'ai compris l'importance de cette constatation lorsqu'il m'est apparu évident que la créativité et l'invention ne peuvent se détacher d'un substrat sensoriel ; c'est dans les sensations qui se modifient qu'on trouve la base d'une nouvelle appréhension intellectuelle d'un phénomène. Dans le contexte de l'hypnose, l'intuition est entendue comme une qualité de pragmatisme dans l'utilisation que fait le thérapeute de ce que montre le patient, notamment son langage non verbal, et sa capacité à s'engager dans une logique d'essais et d'erreurs ([5], article « Essai et erreur ») pour faire de la thérapie une entreprise nécessairement heuristique pour son patient.

Est-ce que le thérapeute manipule son sujet ?

La question de la manipulation sera étudiée dans le prochain chapitre.

Qu'en est-il du risque de dépendance du sujet vis-à-vis du thérapeute ?

Il serait stupide de nier que la situation hypnotique, *a fortiori* dans un contexte thérapeutique, est banale. On sait que la spécificité de cette situation n'a pas été pour rien dans l'abandon de cette technique par

Freud. Dans l'hypnose moderne, le thérapeute « travaille » d'emblée ce risque de dépendance au travers des redéfinitions qu'il fait avec son patient de sa démarche et de sa demande. Ultérieurement, ce dernier doit être constamment crédité des progrès qu'il peut trouver dans la thérapie. Enfin, le processus thérapeutique ne s'arrête pas avec la thérapie comme je viens de l'expliquer. Il est évident que la dépendance envers le symptôme, dans ce qu'il a paradoxalement de rassurant, ne doit pas se doubler d'une dépendance envers le thérapeute.

Quelqu'un peut-il tomber spontanément dans un processus hypnotique ?

Le processus hypnotique est un processus extrêmement fréquent et banal au sens où il a été défini plus haut. Dans une certaine mesure, utiliser les techniques que je vais définir dans le chapitre suivant n'est, pour le thérapeute, qu'une amplification et qu'une rationalisation des techniques que chacun emploie pour s'extraire d'une situation immédiate et donc entrer dans un autre état de conscience.

Peut-on hypnotiser tout le monde ?

Dans un contexte thérapeutique, c'est-à-dire lorsqu'une demande existe, je dirais qu'un thérapeute doit commencer son travail en s'estimant capable d'hypnotiser la personne qui est en face de lui. Cela signifie qu'il paraît tout à fait possible, dans ces conditions, d'hypnotiser tout le monde ou, plus exactement, tous les patients. Encore faut-il évidemment s'entendre sur la notion d'hypnose ou sur celle de processus hypnotique. J'ai déjà insisté sur le fait que seul le patient est en mesure de qualifier les impressions qu'il peut retirer de son expérience hypnotique. Il est certain qu'il s'agit, dès lors, de lui « donner » à vivre une expérience spécifique et significative. C'est la raison pour laquelle j'insisterai également sur le phénomène de la catalepsie du bras qui, par excellence, manifeste un changement significatif pour le sujet. La notion d'hypnotisabilité n'est pas intéressante, au moins dans un contexte clinique, car elle se réfère à une donnée immanente sur laquelle le thérapeute, s'il accepte, ne peut rien faire et n'a aucune prise. Du point de vue du patient, plutôt que de parler d'hypnotisabilité je préfère parler de « résistance au changement » ou encore de capacité, qu'un patient donné montre plus ou moins, à accepter d'abandonner un certain contrôle d'une situation et d'une interaction qui, en l'occurrence, s'appelle une séance d'hypnose. Autrement dit, plus le thérapeute travaille avec la résistance du sujet, plus il augmente les possibilités qu'il a à le faire entrer dans un processus hypnotique.

2

LES TECHNIQUES DE COMMUNICATION

Les techniques vivantes

L'hypnose moderne est d'abord et avant tout constituée par un ensemble de techniques de communication qui aboutissent au développement, chez le sujet, d'un processus qui, par convention, est appelé processus hypnotique, et qui peut constituer un contexte de changement pour le patient selon l'habileté et l'expérience du thérapeute.

Ces techniques de communication, même si elles sont ici présentées à propos de l'hypnose, n'ont rien de spécifique. Elles sont souvent utilisées dans d'autres contextes, parfois même loin de toutes visées thérapeutiques. C'est bien ce qui fait que l'hypnose reste utile et qu'elle nous « réapprend » régulièrement à réévaluer nos techniques et les finalités de nos interventions. Paradoxalement, elle apprend au thérapeute à se concentrer tout en lui permettant la détente ; en cela le sujet est tout à fait en miroir de ce que peut vivre son thérapeute. Ces techniques sont vivantes, car elles sont utilisables comme des outils qui ne prennent leur sens et leur utilité que dans une interaction avec d'autres outils, avec d'autres personnes, avec de multiples situations. Le thérapeute ne peut, dans une certaine mesure, prétendre en faire le tour car elles évoluent avec son propre style et l'usage qu'il en fait lui-même.

Manipulation/accompagnement

Le problème du pouvoir dans l'univers du psychothérapeute

Le pouvoir que peut exercer une personne (A) sur une autre (B) se manifeste par la possibilité que s'octroie la première de définir le contexte d'interaction de la seconde ([5], article « Pouvoir »). Dans la situation thérapeutique, il revient, de facto, au thérapeute le droit de définir ce contexte, étant donné le principe du libre choix que le patient peut faire de son thérapeute. En même temps qu'il choisit son thérapeute, le patient ne peut éviter d'avoir à accepter un certain nombre de contraintes. Autrement dit, tout contexte aménage une zone de liberté, mais il s'agit d'une « liberté-contrainte » qui se fonde sur un paradoxe : « Soyez libre ! ». L'interaction entre A et B, a fortiori dans un contexte thérapeutique, est un compromis entre la contrainte et la liberté. En cela la situation thérapeutique répond à la dynamique suivante : le thérapeute fixe un cadre dans lequel le patient dispose de la possibilité de présenter sa pathologie, de percevoir certains sens et d'effectuer certains choix. Seul le thérapeute doit, par ailleurs, avoir la possibilité de définir le contexte thérapeutique. Cela fait partie, en quelque sorte, de toute situation thérapeutique et nous ramène aux techniques de non-directivité organisée de C. Rogers. Je vais maintenant tenter de définir un peu mieux les caractéristiques de la situation hypnotique.

La situation hypnotique

L'hypnose manifeste clairement cette situation qui est, à bien des égards, paradoxale et où le thérapeute « manipule » le patient pour définir et redéfinir à chaque instant le contexte thérapeutique (les techniques d'hypnose) ; mais il accompagne personnellement le patient dans son expérience (le processus hypnotique). La manipulation définit le cadre thérapeutique et l'accompagnement en assure le contenu. En apparence, les techniques qu'utilise l'hypnothérapeute sont contraignantes et correspondent effectivement à la définition et à la construction d'un processus spécifique qu'on appelle « processus hypnotique », mais ces contraintes servent à aménager un espace expérimental pour le sujet. Dans cet espace expérimental, le sujet va pouvoir se déplacer et découvrir des « territoires » de lui-même qui ont valeur d'apprentissage. Dans ce « voyage », le thérapeute ne fait que guider ses pas pour l'amener dans des situations qu'il juge pertinentes au regard des problèmes posés par le patient. Ainsi, lorsque je demande à un sujet de s'asseoir confortablement, les mains séparées posées sur ses cuisses, les pieds bien à plat sur le sol, je lui impose un contexte qui, pour certains d'entre eux, peut paraître contraignant. Mais je sais par expérience que ces conditions sont nécessaires pour qu'il puisse mieux vivre certaines sensations, comme par exemple la détente ou la dissociation. Dans d'autres cas, lorsque je tente d'obtenir la fermeture des paupières par des techniques indirectes, je cherche à assurer là également un meilleur confort à mon patient.

De même qu'on « ne peut pas ne pas communiquer » ou « qu'on ne peut pas ne pas organiser », « on ne peut pas ne pas manipuler », car la manipulation est contenue dans la communication : il s'agit toujours de persuader l'autre, et c'est même là une des principales caractéristiques de toute communication thérapeutique et de la communication hypnotique en particulier.

La communication thérapeutique

Une autre manière d'illustrer ce paradoxe de l'accompagnement dans la manipulation consiste à tenter de déterminer les conditions d'une « bonne » communication dans un contexte thérapeutique (fig. 5).

	+ ◄——	——► −
Langage	Analogique	Digital
Position	Basse	Haute
Relation	Complémentaire	Symétrique
Logique	Circulaire	Linéaire
Action	Initiation (Agir)	Réaction (Réagir)

Figure 5

Lorsqu'un thérapeute arrive à se situer, un peu plus que le patient, vers la gauche du tableau, il optimise sa relation thérapeutique. S'il utilise bien le langage analogique, s'il occupe davantage la position basse [32] que le patient, s'il gère avec lui une relation complémentaire et s'il parvient, enfin, à circulariser la logique qui préside au déroulement de la thérapie, il créera un contexte où le patient pourra plus facilement expérimenter des changements pertinents. Au total, il gardera alors l'initiative de la thérapie. A l'inverse, si le patient arrive à polariser la thérapie sur un versant digital, c'est-à-dire dans la seule explicitation des faits et des affects, il parviendra plus facilement, dans le même mouvement, à linéariser la chaîne causale des événements qui ont abouti au symptôme. La thérapie restera davantage celle du « pourquoi » que celle du « comment » ([5], article « Pourquoi et comment »). De la même façon, dans cette hypothèse, le risque de la mise en symétrie de la relation s'accroît ainsi que la tentation, pour le thérapeute, de chercher à s'arroger une position haute, c'est-à-dire à toujours avoir raison. Dans cette situation, le thérapeute réagit aux prises de position du sujet et perd ainsi la possibilité de définir le contexte thérapeutique et la définition de la thérapie elle-même. Autrement dit, plus le patient arrive à maintenir le thérapeute, en ce qui concerne ses techniques de communication, vers la droite du tableau, plus ce dernier aura l'impression, tout à fait légitime, que son patient « résiste ».

Par exemple, lorsque le patient se plaint au thérapeute que le traitement prescrit aggrave son état, il amène ce dernier à justifier (à digitaliser) ce traitement et à privilégier une causalité linéaire. Dans ce même mouvement, le thérapeute est invité à gagner une position haute et à affaiblir ses possibilités de manœuvres.

Le langage non verbal

Dans le contexte de la pratique de l'hypnose, le langage non verbal prend une importance toute particulière dans la mesure où les modes de communication qui subsistent entre le thérapeute et le sujet, au cours du processus hypnotique, sont sensiblement réduits. Il ne subsiste pour le sujet que la voix du thérapeute, et pour ce dernier le langage non verbal (ou analogique) du sujet. Or d'un côté, le canal verbal est notoirement insuffisant étant donné l'enjeu et l'importance de la relation, et, d'un autre côté, le thérapeute ne peut que s'appuyer sur le langage non verbal du patient pour « affûter » les interactions qu'il conduit avec lui.

Le langage non verbal bien compris, c'est-à-dire bien observé, traduit et manifeste immédiatement ce qu'expérimente et ressent le patient dans la transe hypnotique.

Les caractéristiques du langage non verbal

Le langage non verbal souffre d'abord de sa dénomination négative. Loin de s'opposer, ou de pouvoir être opposés, au langage verbal, ces deux types de communication s'interpénètrent et se complètent. Il en est du langage non verbal comme de la prose, nous l'utilisons en tant qu'émetteur et que récepteur, à chaque instant et dans chaque interaction, même lors d'une conversation téléphonique. La communication non verbale est presque exclusivement inconsciente en ce sens qu'elle n'est pas intentionnelle et qu'elle infiltre et influence sensiblement, sans que nous nous en rendions compte, notre communication.

Le problème de l'intuition

Cette compétence, lorsqu'elle se manifeste de manière plus efficiente que la moyenne, est habituellement mise sur le compte d'une intuition particulièrement développée. L'intuition ne relève ni de la magie ni de la perception extra-sensorielle. Elle relève d'un bon usage, même s'il reste en grande partie inconscient du langage non verbal. Cependant, elle intervient sans doute au moins autant qu'une bonne théorie, pour faire en sorte qu'un thérapeute soit considéré comme un bon thérapeute.

Les indices ne sont pas des preuves

Chaque élément du langage non verbal constitue un indice ; la sommation des indices permet au thérapeute d'avancer des hypothèses, ce qu'il peut d'autant mieux faire qu'il a une certaine expérience dans son travail quotidien avec les patients. Le langage commun, voire certains auteurs, ont voulu utiliser le décodage de ce langage non verbal pour avancer des preuves irréfutables de l'existence du mensonge ou de la tromperie chez le sujet observé. Il s'agit là sans doute d'une vision étriquée et réductrice de l'utilisation possible du langage non verbal.

Un observateur ne peut, en aucun cas, affirmer avec certitude qu'un sujet ment (voir, à ce sujet [16]) lorsque son langage non verbal montre une certaine incongruence avec son langage verbal.

La congruence verbal / non verbal

Chacun de nous est capable, dans la situation communicationnelle avec un autre être humain, de gérer plusieurs niveaux logiques, plusieurs trains de pensée. Seule une ou deux de ces logiques sont immédiatement conscientes, les autres restent inconscientes et échappent à l'intentionnalité de la communication. C'est dans cette zone, précisément, que se manifeste ce qu'on appelle habituellement le langage non verbal. Il peut exister une certaine incongruence entre ces divers niveaux logiques, et c'est cette incongruence qui peut frapper l'observateur. La qualité d'une interaction provient en partie, pour ce qui concerne sa forme, de ce que cette incongruence reste acceptable dans un contexte donné et selon les finalités de l'interaction. Plus l'enjeu est important, plus le jeu est absent de l'interaction, plus cette congruence est exigée.

Les différents types de langage non verbal

Parmi les différents problèmes que pose le langage non verbal, celui de sa classification n'est pas le moindre, ne serait-ce que parce qu'il s'agit dès lors de tenter de lui accoler un langage digital, c'est-à-dire des mots et des descriptions. Le décrire en revient surtout à accepter l'idée qu'il se réfère essentiellement à l'individu, alors qu'en fait il n'a de sens et de valeur que dans une double interaction : celle qui concerne ses liens avec le langage parlé et celle qui découle de la dynamique de l'interaction en elle-même avec les différents niveaux d'apprentissages.

Les différents niveaux d'apprentissages

Le langage non verbal se constitue sur trois niveaux (fig. 6).

Le premier niveau, le plus interne, correspond à l'individu. Selon l'histoire de chaque corps (accident, maladie...), de chaque particularité physiologique (taille, poids...), chacun construit un langage non verbal qui lui est propre aussi bien pour la fréquence des mouvements,

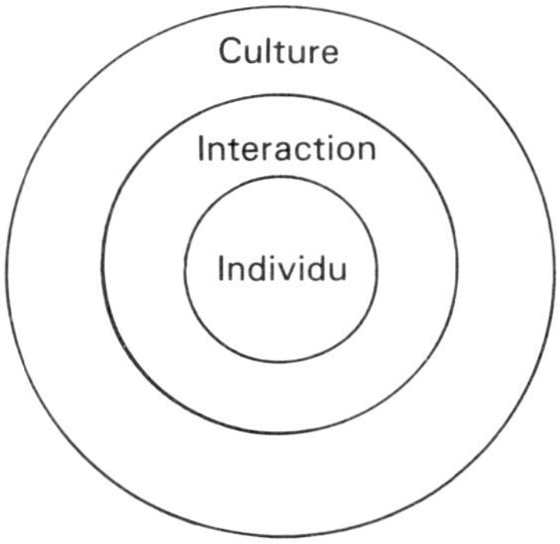

Figure 6

leur amplitude, leur signification spécifique, etc. On peut en arriver ainsi à déterminer pour chaque individu une position de base qu'il s'agit de bien connaître et de respecter. Le second niveau, intermédiaire, est le niveau interactionnel. Selon chaque type d'interaction, selon la finalité de chaque interaction, les modalités et les significations du langage non verbal vont se modifier. Le troisième niveau, le niveau externe, est le niveau culturel et constitue l'écosystème dans lequel nous apprenons à communiquer [14]. Là, également, nous sommes fortement imprégnés par des apprentissages spécifiques à chaque groupe humain tant en ce qui concerne des items aussi divers que la distance à maintenir entre les individus ([5], article « Proxémie »), la manière de ponctuer une conversation avec le regard ou la meilleure façon de croiser les jambes.

Une classification anatomique

Un autre niveau de classification du langage non verbal consiste à établir des distinctions entre les différentes parties du corps impliquées dans cette communication [15]. On peut ainsi décrire :

— la distance qu'un individu, selon des données essentiellement culturelles, établit avec les corps des autres individus avec lesquels il est en interaction ;
— la position générale du corps et ses modifications à partir d'une position « basique » spécifique à chaque individu ;
— les positions et les mouvements des mains et des pieds ;
— les positions et les mouvements des bras et des jambes ;
— les expressions du visage, en général, et plus spécifiquement celles mettant en jeu les muscles péri-buccaux et péri-orbitaires ;

— les prolongements culturels du corps : vêtements, coiffure, bijoux ;
— la coloration de la peau et des muqueuses ;
— les odeurs du corps ainsi que les parfums ;
— les signes para-linguistiques : bâillements, toux, silence..., etc.

La dynamique langage verbal/langage non verbal

On peut enfin établir des distinctions dans le langage non verbal en tenant compte de la « distance » qui peut s'établir entre ce type de communication et le langage parlé ([11], p. 68) (fig. 7).

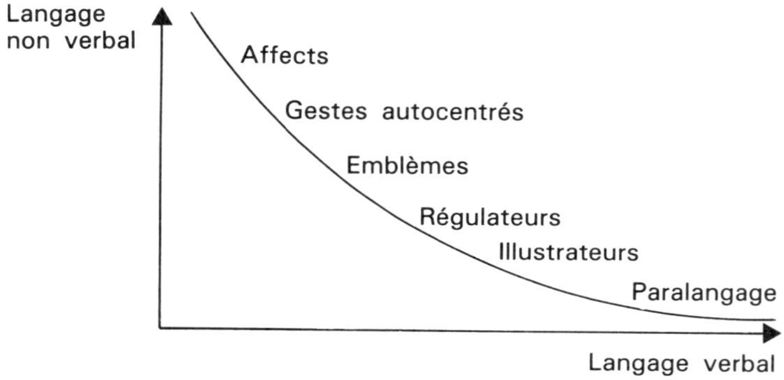

Figure 7

Le *paralangage*, qui recouvre les variations dans la tonalité de la voix, les modifications du rythme..., constitue la variété de langage non verbal la plus proche du langage parlé. Viennent ensuite les gestes *illustrateurs* qui, comme leur nom l'indique, illustrent et accompagnent immédiatement le langage verbal comme, par exemple, le mouvement ample et symétrique des deux bras qui amplifient eux-mêmes l'emphase verbale de l'orateur. Les *régulateurs* ponctuent l'interaction entre deux individus comme le geste régulier de la tête qui signifie l'approbation et encourage l'autre à poursuivre la même idée. Les gestes *emblèmes* ont leur propre signification. Ils évitent que des mots aient à être prononcés. Ainsi l'index posé verticalement sur les lèvres est une manière rapide et silencieuse de demander le silence. Ces gestes sont largement définis par un contexte culturel. Les gestes *autocentrés* ou *automanipulateurs* consistent en la manipulation par le sujet d'une partie du corps, d'un objet ou d'un vêtement. Ils démontrent une certaine gêne et marquent un éloignement affectif de ce dont il est question dans l'interaction. Le langage non verbal le plus éloigné du langage verbal, puisqu'il ne peut pas toujours être traduit par les mots, concerne les *affects*.

Dans le contexte de l'hypnose, le thérapeute utilisera essentiellement les illustrateurs et les régulateurs.

Le langage non verbal en hypnose

Dans le contexte de l'hypnose, l'utilisation du langage non verbal est aussi bien le fait du sujet que du thérapeute.

L'utilisation du langage non verbal par le thérapeute

Le thérapeute utilise le langage non verbal du patient comme des indices dont la sommation le guide dans ses prises de position vis-à-vis de son patient. Ainsi, par exemple, s'il propose au sujet de ressentir une sensation de légèreté dans une des deux mains (« ... et vous pouvez ressentir cette sensation dans la main droite... ou dans la main gauche... »), il va, en examinant attentivement le visage de son patient, pouvoir récolter des indices qui lui permettront de mieux anticiper laquelle des deux mains va voir se développer ce phénomène et ainsi mieux construire lui-même une catalepsie (voir *infra*). A l'inverse, le thérapeute va se servir de son corps pour adresser des informations et donc enrichir sa communication avec le sujet. Même, et *a fortiori*, s'il a les paupières closes, ce dernier peut fort bien percevoir, par exemple, une légère différence dans la localisation de la voix du thérapeute.

L'utilisation du langage non verbal par le sujet

Dans une certaine mesure, sauf si le thérapeute construit pour le sujet la possibilité de répondre verbalement à ses questions, le sujet ne peut que communiquer non verbalement et en grande partie sans qu'il s'en rende compte. Même s'ils restent très économiques, ses gestes et ses mouvements gardent leur signification et doivent, par conséquent, être pris en compte par le thérapeute. Cependant, au cours du processus hypnotique, cette communication non verbale est en quelque sorte digitalisée. Elle s'éloigne paradoxalement de l'analogique car elle a tendance à se réduire à la simple manifestation par le sujet de son accord ou de sa réprobation face à ce qu'il ressent ou face aux questions du thérapeute.

Les outils diagnostiques de la communication

La communication thérapeutique doit donc répondre à la double exigence de congruence et de pertinence. Ce qui permet essentiellement cette congruence provient de la capacité que montre le thérapeute à se mettre au niveau de son patient, c'est-à-dire à communiquer avec lui d'une manière qui corresponde à son orientation habituelle aussi bien au niveau intellectuel que sensoriel, dans les diverses dimensions que cela comporte. C'est ce dernier point que je vais développer maintenant en considérant qu'il s'agit là des techniques de l'accompagnement en thérapie. Nous verrons plus loin que chacun de ces éléments constitue une des composantes de la transe hypnotique et qu'il est dès lors très utile de bien les connaître. La pertinence du thérapeute étant constituée, de son côté, par la validité des interventions qu'il propose à son patient au regard des symptômes et de la souffrance de ce dernier afin d'en atténuer les effets.

Diagnostic sensoriel

Le choix sensoriel

La programmation neuro-linguistique (PNL) ([5], voir cet article), issue en grande partie de l'hypnose éricksonienne, met particulièrement l'accent sur la spécificité de l'orientation sensorielle pour chaque individu. Chacun, selon des données innées et les apprentissages acquis au cours de son enfance, gère ses rapports au monde environnant en utilisant préférentiellement un ou plusieurs canaux sensoriels. Par ailleurs, ce choix transparaît dans le vocabulaire que chacun emploie pour décrire précisément son rapport au monde. Ainsi, selon cette orientation (visuelle, auditive, kinesthésique, tactile ou olfactive), chacun utilisera, dans des circonstances identiques, des termes différents (« voir », « entendre », « agir », « toucher », « sentir », etc.). Les conséquences qui en découlent, notamment au niveau de la communication, ne sont pas négligeables et même déterminantes dans un contexte thérapeutique. Aussi importe-t-il que le thérapeute soit en mesure d'en faire le diagnostic afin de mieux « ajuster » sa communication à celle du patient en adoptant une analyse sensorielle et un « langage » sensoriel commun ou comparable.

Les techniques de diagnostic

Les techniques de diagnostic sensoriel ont été développées par Bandler et Grinder dans plusieurs de leurs ouvrages. Je citerai simplement certains des indices qui peuvent aider le thérapeute afin de déterminer chez le patient la prééminence de tel ou tel canal sensoriel. A l'évidence, il importe également que le thérapeute ait pu faire son propre diagnostic sensoriel.

— D'abord, évidemment, l'analyse du vocabulaire dans le choix que chacun peut faire de tel ou tel terme :
a) visuel : « Je ne vois pas très bien ce que... » ; « Est-ce que vous avez vu la musique qui accompagnait... » ;
b) auditif : « Ma femme et moi on ne s'entend pas très bien en ce moment » ;
c) kinestésique : « Je ne suis pas bien dans mon assiette » ; « Les idées se bousculent dans ma tête et je n'arrive pas à m'y retrouver » ;
d) tactile : « Ce qu'il a fait pour moi m'a beaucoup touché » ;
e) olfactif : « Je n'arrive pas à bien sentir cette situation. »

— L'orientation des globes oculaires lorsque le sujet cherche à répondre à une question. Selon ce type d'indice, qui relève plutôt du procédé que de la technique, l'orientation des yeux, par exemple, vers le haut révèle une personne visuelle.

— La manière dont le sujet s'habille, mettant en valeur les couleurs, les formes, les harmonies (visuel). L'absence de ces éléments peut évoquer une personnalité plus auditive. Ou encore des personnes « tactiles » porteront plus volontiers des tricots dont la qualité des laines enrichira le contact.

Diagnostic de latéralité

Comme je l'ai déjà précisé, l'hypnose n'est efficace que dans la mesure où le thérapeute accepte de travailler avec le corps de son patient. Parmi les éléments qui permettent de considérer que chaque individu « habite » son corps d'une certaine manière, la latéralisation de ce corps doit être bien connue du thérapeute. Il s'agit d'un mécanisme bien plus complet que la classique distinction droite/gauche. Il s'agit là, en effet, d'un mécanisme bien complexe. Au cours de l'enfance, loin d'être fixée précocement, la latéralisation passe rapidement, et à plusieurs reprises, de la droite vers la gauche et inversement (voir [46]). Par ailleurs, lorsqu'elle se fixe, essentiellement pour des raisons culturelles, pour 85 %

des individus à droite, cette latéralisation ne se porte pas massivement et de manière homogène vers l'un ou l'autre côté du corps. On constate un partage du corps entre des zones et, partant de là, des activités qui sont latéralisées à droite et d'autres qui s'effectuent à gauche. La latéralisation des mains, et plus spécifiquement des doigts, n'est qu'un élément constitutif, parmi d'autres, de la diversité de cette dynamique. Ainsi, par exemple, on peut être droitier de la main mais avec un pouce gauche dominant. De même, chacun de nous possède un œil et un pied dominants sans qu'une parfaite focalisation soit respectée.

Le diagnostic de latéralisation, en fonction des éléments qui viennent d'être décrits, se fait essentiellement par l'observation. Deux axes doivent rester la priorité du thérapeute.

L'orientation par rapport au symptôme

Il s'agit d'observer non seulement dans quelle partie du corps se fixe le symptôme et selon quel trajet il se déplace éventuellement. Le symptôme participe grandement au rapport que le patient entretient avec ce qu'il considère être la réalité. Son appréhension de ce symptôme conditionne ses interactions avec son contexte immédiat. La manière dont le patient « construit » son symptôme dans son corps relève davantage, là également, de certains éléments de son schéma corporel que des règles de l'anatomie. Qu'une douleur se fixe à gauche ou à droite dans le corps ne prend pas la même signification sociale et conditionne ses rapports avec son entourage.

L'orientation du corps dans les interactions avec autrui

Chacun de nous a pris l'habitude de « présenter » à autrui, selon les contextes, l'un ou l'autre côté de notre corps. Ce n'est pas tant le côté qui importe que les modifications qui peuvent intervenir dans ce choix. De même, nous avons pris l'habitude de choisir chez autrui une zone d'approche de son corps, une manière de rentrer en contact visuel. Ainsi, par exemple, nous fixons préférentiellement l'hémiface gauche ou droite lorsque nous regardons le visage d'une personne lors d'une conversation.

Diagnostic de focalisation/confusion

Le thérapeute a besoin de connaître la façon dont le sujet se concentre ou se focalise sur tel ou tel élément de ses expériences sensorielles ou intellectuelles. Là, également, il ne peut que souhaiter utiliser les compétences du sujet. Chacun de nous développe sa propre technique pour appréhender une situation d'un point de vue intellectuel. Mais cette « activité » est toujours accompagnée par une certaine déconnexion du contexte immédiat, c'est-à-dire par une phase de confusion. Nous verrons plus loin que nous avons chacun notre propre technique de confusion.

Diagnostic du rapport au temps

Il s'agit de mieux connaître la manière avec laquelle chaque individu « habite » l'espace temporel, par exemple, la valeur qu'il accorde à la ponctualité. Certaines personnes ont, selon les contextes, l'impression que le temps passe vite ou, à l'inverse, qu'ils n'ont pas à se soucier de cet élément. Il restera au thérapeute à respecter et à utiliser chez son patient cet ancrage dans le temps pour ordonner, par exemple, le rythme de la thérapie.

Après avoir répondu à ces différents éléments diagnostiques, le thérapeute est mieux à même d'accompagner son patient dans son expérience. Cette expérience se construit toujours à partir du symptôme et éventuellement avec un ensemble de techniques plus spécifiques aboutissant au processus hypnotique.

Les métaphores thérapeutiques

La définition

La métaphore thérapeutique est une alternative à la réalité (une carte sur le territoire), que le thérapeute « colle » à la situation immédiate pour en permettre l'enrichissement et l'évolution. En d'autres termes, la métaphore vient se superposer à la réalité du patient dans un processus de dissociation où il peut trouver la possibilité de coévoluer dans un système de référence qui lui convienne ([8] ; [5] : article « Métaphore » ; [57], p. 25).

L'utilité de la métaphore

Cette métaphore, comme l'a établi M. Kérouac [37], va servir plusieurs buts.

— Elle établit une dissociation entre la réalité du patient, son orientation à la réalité, et une autre « réalité », celle qui est contenue dans la métaphore.

— Cette « nouvelle » réalité, dont nous verrons plus loin les caractéristiques, dans l'histoire qu'elle met en place, introduit la « multicontextualité » ([45], p. 36) des approches possibles d'un même phénomène. Autrement dit, dans la métaphore le sujet peut trouver plusieurs « sens » parmi lesquels il peut choisir celui qui lui convient le mieux. Cette métaphore aménage des niveaux de « codage » et de « décodage » dans une réalité qui, pour le patient, restait jusque-là souvent inaccessible mais par rapport à laquelle il se présente comme étant une victime.

— La métaphore augmente les chances pour la réalité d'être effectivement « mobilisée ». Cette mobilité ne présente pas, en apparence, de danger car elle ne concerne pas directement les points de référence du sujet.

— La métaphore est thérapeutique en ce qu'elle est le négatif du symptôme. Elle peut devenir une création du patient de la même manière que peut l'être le symptôme mais, à la différence de ce dernier, la métaphore ne s'arrête pas à la redondance des mêmes séquences génératrices de souffrance. Plutôt que d'être fasciné par son symptôme, dans un mécanisme proche de l'autohypnose, le patient peut être fasciné par la métaphore et en enrichir le devenir.

— Enfin, et surtout, la métaphore mobilise les capacités imaginatives du sujet, mais aussi celles du thérapeute. Elle ouvre donc la porte à une approche synthétique des problèmes à l'opposé d'une approche explicative et interprétative.

La construction de la métaphore

Pour être effective la métaphore thérapeutique doit répondre à certaines caractéristiques.

— Elle doit respecter un rapport isomorphique avec la réalité du patient, c'est-à-dire qu'à chaque élément important de la réalité doit correspondre un élément structurant de la métaphore. L'image qu'on peut en donner est celle que donnent les deux mains lorsqu'elles sont opposées l'une à l'autre.

— Sa forme et son contenu doivent respecter, autant que possible, l'orientation sensorielle du sujet ; elle sera ainsi mieux acceptée et plus pertinente pour le sujet.

— La métaphore doit prendre en compte plusieurs éléments de la réalité du patient pour assurer autant de point d'appui que possible afin de mobiliser cette réalité.

— Elle introduit une perspective historique ; elle peut facilement se présenter comme une histoire et ainsi avoir un début et donc une fin. En cela, l'utilisation des contes, de références bibliques, de paraboles et d'éléments de l'actualité se révèle très utile.

— La métaphore doit posséder une charge émotionnelle. La mobilisation des affects est souvent nécessaire pour mieux assurer la pertinence de la métaphore pour le sujet.

— Elle doit être facilement compréhensible et connue de tout un chacun. Le fait qu'elle soit parfois utilisée devant, ou à l'usage des enfants, rend cette condition encore plus évidente.

— Elle doit être relationnelle, c'est-à-dire se construire autour d'un ensemble d'alternatives relationnelles qui puissent enrichir, dans un second temps, l'imagination du sujet et donc les relations qu'il entretient avec son propre entourage.

Les différents types de métaphores

Lorsqu'un thérapeute utilise une métaphore, il va non seulement l'ajuster à la réalité du sujet mais également aux finalités de la thérapie selon le moment de son évolution. On peut ainsi distinguer [49] :

— les métaphores évoquant l'alternative changement/non-changement. Dans les premiers temps d'une thérapie, surtout lorsque le sujet est dans une phase dépressive où lorsqu'il en est à sa énième tentative de traitement, il est souvent utile d'amener l'idée, de cette manière, que peut-être maintenant un changement est possible. Comme on peut avoir, à un moment ou à un autre, l'envie de changer de vêtement, de coiffure ou de voiture, le patient peut se trouver dans la possibilité de changer tel ou tel élément de son existence ;

— les métaphores créditant le sujet de l'évolution positive de la thérapie. A une patiente qui souffrait de cauchemars et qui avait l'habitude de faire du bateau, j'ai pu expliquer qu'en fait elle emmenait chaque nuit des passagers clandestins et que, peut-être, un jour, elle sera en mesure de les retrouver avant d'appareiller pour une meilleure nuit ;

— les métaphores qui mettent en scène la résistance du sujet. Avec certains patients, il n'est pas inutile d'« englober » la résistance dans une histoire qui a une fin. Dans ce cas la métaphore du bateau peut être très utile lorsqu'elle est reliée au vent qui est, en même temps, un adversaire et un allié. C'est même là tout l'art du navigateur que de se servir d'un adversaire en le transformant en un allié ;

— les métaphores évoquant les ressources du sujet. Avec l'hypnose ericksonienne et l'ensemble des thérapies qui en dérivent, le thérapeute considère qu'il ne fait que mobiliser les potentialités et les ressources de son patient. A un patient qui avait l'habitude de passer de nombreuses heures devant son ordinateur, j'ai longuement expliqué que l'un et l'autre, l'homme et la machine, restent limités dans leurs possibilités mais peuvent ensemble s'enrichir et se compléter tout comme le patient et son thérapeute ;

— les métaphores assignant au symptôme une fonction analogique. Ici la métaphore « traite » le symptôme sous une forme analogique (par exemple, chez un patient anxieux, l'estomac percé par un ulcère devient un sac de voyage troué, etc.). Grâce à ce recadrage, le symptôme prend une signification nouvelle dans la vie du sujet ;

— les métaphores introduisant la fin de la thérapie. Là également, il s'agit de créditer le sujet des mérites qu'il a pu trouver dans la thérapie pour éviter qu'il ne devienne dépendant du thérapeute. De même que l'enfant devient adulte et oublie souvent toutes les personnes qui lui ont appris à lire et à écrire, le patient peut oublier la thérapie et le thérapeute.

Les outils de communication

Le processus hypnotique comme résultant d'un ensemble d'interactions

Les techniques de communication utilisées en hypnose sont à la fois spécifiques et banales. Elles sont, ou peuvent être, facilement transposées dans d'autres contextes et avec d'autres finalités comme, par exemple, dans le langage publicitaire, les techniques de vente ou le discours politique. Ce sont des techniques de communication ; aussi vais-je ici les dissocier les unes des autres en essayant de les ordonner dans un processus qui est celui de l'hypnose.

Il me faut d'abord introduire ici une métaphore. Chaque séance d'hypnose se construit comme un mur constitué de pierres ou de briques. Au terme de la séance apparaît une cohérence assurée elle-même par la congruence et la pertinence des interactions entre le thérapeute et son patient. Pourtant, avant que cette cohérence n'apparaisse, le thérapeute va placer ici et là, sans liens apparents, un certain nombre de pierres ou de briques. Certains de ces matériaux resteront suspendus dans l'air, isolés et énigmatiques, avant d'être, un peu plus tard, eux-mêmes reliés à d'autres éléments pour dessiner et rendre effectives des lignes de force jusque-là cachées ou mystérieuses. Ce qui importe dans cette « construction » est que le thérapeute alterne l'élaboration d'éléments subjectifs avec un constant et régulier ressourcement vers des éléments indiscutables (fig. 8). Le thérapeute entretient, dans les interactions qu'il construit, un va-et-vient (A) entre un socle de ressources indéniables par le sujet (C) (les manifestations physiologiques, musculaires et non verbales de la séance), et la chaîne discontinue des expériences subjectives de ce même sujet (B).

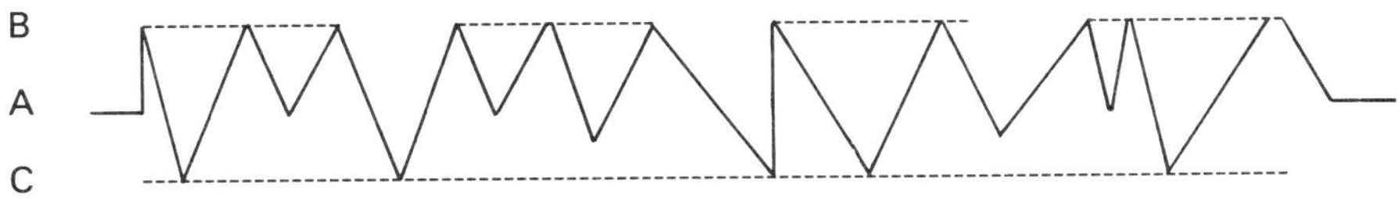

Figure 8

Ainsi, par exemple, lorsque le sujet est détendu (élément indéniable), le thérapeute va lier cette détente « objective » à l'apparition possible, ou probable, d'un élément plus subjectif (« ... de la même façon que votre corps montre cette détente... votre esprit peut mieux observer... cette légèreté dans votre main droite... peut-être dans votre main gauche... »).

Ce phénomène d'abord subjectif peut lui-même s'objectiver ultérieurement sous la forme d'une lévitation de la main (voir chap. 6).

La séance d'hypnose peut être décrite comme la construction par le thérapeute d'une expérience subjective, c'est-à-dire issue d'un ensemble d'interactions, mais que le sujet considère comme objective, c'est-à-dire provenant très immédiatement de ses sens, de ses muscles, de son corps. La technique du thérapeute, en ce qu'elle doit être précise et bien conduite, est susceptible de modifier des phénomènes physiologiques, ce qui nourrit et entretient pour le sujet la subjectivité du processus hypnotique.

La cohérence des outils de communication

Il y a donc des pierres et il y a donc des briques, et il y a d'autres types de matériaux qui sont constitués par le ciment qui les ordonne selon une logique qui est presque toujours la même et que je vais décrire maintenant. Cette logique est à la base de toute perspective stratégique. Pour enrichir encore cette métaphore, il convient d'abord d'établir des distinctions entre ces différents types de matériaux que je regrouperai ici selon certaines spécificités (fig. 9 et 10). Le premier groupe (A) d'outils de communication correspond à un travail de dissociation. Cela peut se résumer par cette phrase : « Il va se passer quelque chose. » Les techniques que peut utiliser ici le thérapeute ont comme point commun de renvoyer à un ailleurs, car elles font constamment référence à deux réalités (la carte et le territoire). La première réalité est celle qui est communément admise, la seconde est celle que le sujet peut trouver dans l'expérience hypnotique. Par l'utilisation de ces techniques, le thérapeute crée donc à la fois une attente ainsi que le terrain propice à l'apparition de la dissociation. Le second et le troisième groupe (B) (C) renvoient, quant à eux, à un travail qui est davantage tourné vers la résistance au changement tout en renforçant la dissociation. Ces phases peuvent se résumer ainsi : « Il se passe quelque chose que vous ignorez et vous n'avez pas besoin de m'en parler. » Ce travail avec la résistance comporte un double volet. Le premier volet assure l'aménagement de la position basse du thérapeute, le second renvoie au travail indirect que le thérapeute conduit avec les capacités de non-changement du patient. Le quatrième groupe (D) correspond à l'interaction entre la dissociation et sa ratification dont la redondance facilite l'apparition des phénomènes hypnotiques. Cela peut se résumer par les propositions suivantes : « Vous commencez à comprendre ce dont je veux parler et vous observez ce qui se produit. »

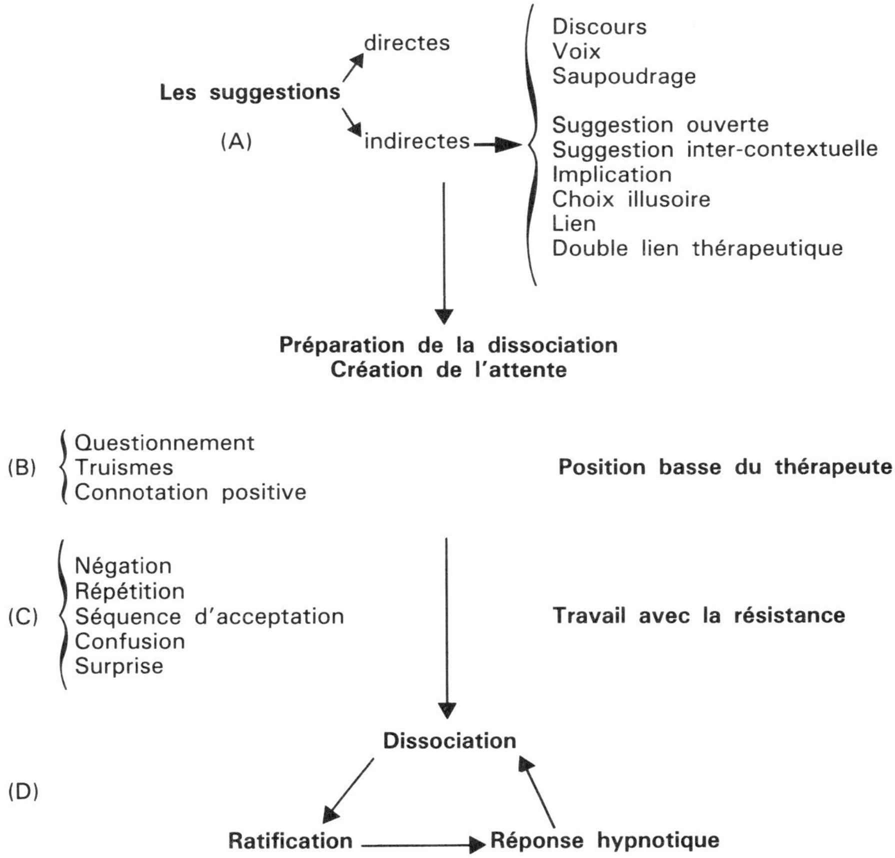

Figure 9

L'ensemble constitue ces matériaux où le thérapeute va choisir, apparemment de manière aléatoire, les éléments qui ordonneront ses interventions. Il n'est pas nécessaire, encore une fois, de lire et de respecter ce tableau (fig. 9) dans l'ordre où il a été décrit. Ce tableau tente de donner une idée de la manière avec laquelle un thérapeute peut trouver, dans un désordre qui n'est qu'apparent, les éléments qui constituent ses interactions avec son patient.

1. Il va se passer quelque chose...

2. ... quelque chose que vous ignorez se produit et dont vous n'avez pas besoin de me parler...

3. ... vous commencez à comprendre ce dont je veux parler...

4. ... vous observez ce phénomène.

Figure 10

Les outils de la communication hypnotique

Les suggestions directes

Même si l'hypnose moderne, à la suite de la pratique de Milton H. Erickson, se caractérise par l'indirectivité des suggestions du thérapeute, on ne peut exclure ici l'utilisation des suggestions directes. Celles-ci peuvent se définir comme étant des propositions auxquelles le sujet peut, en retour, directement s'opposer et donc manifester sa résistance. Et c'est même là leur principal intérêt, celui de permettre au sujet de résister aux différents niveaux de changements qui sont contenus dans l'expérience hypnotique. Ainsi, par exemple, lorsque le thérapeute demande directement la fermeture des yeux de son patient, il s'expose à la mise en échec de sa démarche. Pour autant il me paraît souvent utile d'utiliser une telle approche car elle se révèle parfois plus efficiente avec certains sujets.

Les suggestions indirectes

Par opposition aux suggestions directes, les suggestions indirectes se caractérisent par le fait qu'elles se présentent comme des propositions de changement de l'orientation à la réalité du sujet. Ces propositions sont plus ou moins apparentes et visent à induire chez ce sujet un processus de dissociation contemporain lui-même du développement des phénomènes hypnotiques (consulter pour l'ensemble de ces techniques : [17], [18], [23]).

1. *La forme générale du discours.* Avant que la voix du thérapeute ne soit, en quelque sorte, posée, quelques précisions doivent être apportées sur la forme générale du discours du thérapeute devant son patient.

a) La simplicité du vocabulaire. Les mots utilisés par le thérapeute doivent être aussi simples que possible. Il lui faut éviter les termes dont les connotations sont trop immédiates comme : « s'enfoncer », « plaisir » ou encore « échec ». Le littéralisme (cf. *infra*) des réactions et des réponses du sujet doit constamment être la préoccupation du thérapeute. Ainsi, pour éviter de se trouver confronté à des surprises, est-il préférable pour lui d'employer un vocabulaire relativement banal.

b) L'emploi des conjonctions de coordination. Le discours du thérapeute doit être soumis aux seules règles rhétoriques de la communication hypnotique. Cela signifie qu'il l'adapte aux interactions immédiates qu'il gère avec son patient. L'ensemble du discours doit « couler de source ». Il n'y a de ponctuation que celle qui est intimement liée à la voix du thérapeute au travers des pauses et des différences de tonalité qu'il introduit dans son discours (voir, *infra*, le saupoudrage). Pour faciliter cette démarche, le thérapeute doit « lier » les différentes phases de son discours par des conjonctions de coordination d'ailleurs en nombre limité : « et », « à ce moment-là ». Ainsi :

« ... et à ce moment-là vous pouvez mieux accepter encore... cette détente dans votre main droite... et vous pouvez alors... encore mieux prendre plaisir à ressentir... ».

c) Le caractère permissif des termes. Pour que ses suggestions soient aussi permissives que possible, le thérapeute ne doit pas craindre d'utiliser des termes comme : « peut-être... », « vous pouvez... », « il est possible que... », etc. Chacun de ces termes renvoie à un ensemble de possibilités dans lesquelles le sujet va pouvoir trouver ce qui peut lui convenir dans la situation immédiate.

d) L'anticipation dans l'énoncé. La pratique de l'hypnose est difficile car il s'agit de tenir la gageure d'interagir avec une personne de manière efficace tout en « manipulant » des techniques de communication spécifiques et tout en restant souple et disponible. Une des difficultés consiste donc à maintenir cette souplesse. Il s'agit en effet de répondre à toute éventualité et à toute la gamme des réactions possibles de la part du sujet. Le thérapeute doit avoir en tête trois ou quatre phrases qui lui laissent une certaine « avance » sur le sujet. Aussi est-il utile pour le premier de « posséder » dans son registre ces propositions toutes faites qui puissent lui permettre de gagner quelques secondes et s'aménager ainsi un espace d'inventivité :

« ... et ce que vous faites en ce moment peut... vous être utile... même si vous ne savez pas encore... comment ».

2. *La voix.* La voix du thérapeute constitue, pour le sujet le lien le plus immédiat et le plus tangible avec le monde extérieur. C'est dire toute son importance et tout le soin que le thérapeute doit mettre dans l'utilisation de cet « outil ».

a) Sa tonalité. Il importe que le thérapeute utilise « sa » voix et non pas celle qu'il estime être la plus apte dans le contexte de l'hypnose. Cela signifie qu'il n'est en rien nécessaire ici d'avoir une voix grave et profonde ou, à l'inverse, douce et mélodieuse. S. Ferenczi avait ainsi distingué la voix maternelle de la voix paternelle [26]. La première qualité de la voix d'un thérapeute est qu'elle lui appartienne.

b) Son rythme. Une des techniques les plus simples pour un opérateur — j'aurai l'occasion d'y revenir — est d'adopter le rythme respiratoire du sujet et de ne parler qu'en même temps que le sujet expire. Cela signifie que le thérapeute ne doit pas craindre de couper une phrase, voire un mot, sans se soucier ni des règles grammaticales ni de celles qui ordonnent habituellement une conversation.

c) Les pauses. Parmi les techniques qui concernent la voix, il me semble important d'accorder une place particulière aux pauses qui sont de deux ordres. En premier lieu, il y a celles qui correspondent au respect du rythme respiratoire du sujet et que je viens de mentionner. Mais il y a également les pauses plus importantes que le thérapeute aménage dans le cours de ses interactions soit pour renforcer l'attente, soit pour permettre au sujet d'accomplir une tâche qui lui a été proposée.

d) Le saupoudrage. Cette technique *(interspersal technique)* (23, p. 206) concerne la voix du thérapeute à deux niveaux. Il s'agit, en effet, pour l'opérateur d'aménager des pauses autour d'un mot, ou d'un groupe de mots, en prononçant ce ou ces mots d'une manière légèrement différente. Cette différence de prononciation peut se faire soit par un accent plus tonique ou, à l'inverse, par une tonalité plus faible. Ainsi, par exemple :

« ... et vous pouvez... à un moment ou à un autre... à chaque respiration... expérimenter encore mieux... cette... (pause)... *détente...* (pause)... avant de pouvoir mieux... laisser cette... (pause)... *lourdeur...* (pause)... s'installer dans vos paupières... ».

Le fait de détacher ainsi un mot, ou un groupe de mots, lui donne une importance spécifique, laquelle est perçue inconsciemment par le sujet. Dans l'exemple que je viens de citer, des suggestions indirectes peuvent être construites par l'accent mis ici sur les mots « détente » et « lourdeur » pour faciliter l'apparition pour le sujet de ces sensations.

e) Les suggestions ouvertes. Une suggestion ouverte correspond à l'énoncé par le thérapeute d'un ensemble de possibilités relatives à une situation qu'il a précédemment définie ou provoquée. Par exemple, lorsqu'il cherche à focaliser le sujet sur une sensation qui apparaîtra dans sa main, l'opérateur va énumérer une série de possibilités qui recouvrent l'ensemble des éventualités qui peuvent se manifester dans cette main. Le risque d'erreur est ainsi tout à fait minime. Dans d'autres cas, la proposition est encore plus ouverte :

« ... et vous pouvez retrouver un souvenir... ou un autre souvenir... ou une autre encore... ».

f) Les suggestions intercontextuelles. Certaines suggestions très générales peuvent prendre un sens dans des contextes parfois très éloignés les uns des autres. Ainsi le fait d'évoquer les vacances ou le bord de mer réactualise généralement des sensations de détente et de repos qui peuvent devenir dès lors celles de la situation immédiate. J'ai déjà mentionné l'importance du caractère agréable de l'expérience hypnotique.

g) L'implication. Une implication est une proposition faite par le thérapeute et construite de telle manière qu'elle comporte au moins deux niveaux logiques. L'implication se présente comme une boîte dont le contenu importe davantage que l'aspect. Dans un premier mouvement, le sujet ne peut rester indifférent à la proposition du thérapeute, mais en restant « accroché » par l'aspect de la boîte ; il se trouve dès lors pris dans l'obligation d'accepter, en tout ou partie, l'intérieur de la boîte, ce que recherche précisément le thérapeute. Ainsi, par exemple, lorsque l'opérateur énonce : « ... savez-vous à quel moment vous allez commencer à vous détendre ?... », le sujet accepte, en prenant position face à cette question, de se détendre à un moment ou à un autre. Au moment où le thérapeute cherche à obtenir le réveil du sujet, qui peut être parfois assez lent, il peut faire les commentaires suivants :

« ... et dans un instant vous allez prendre deux ou trois respirations profondes... avant de vous réveiller... d'abord lentement... ».

L'implication est ici que le sujet peut d'abord résister mais qu'ensuite il accepte de se réveiller promptement car il complète de lui-même la phrase : « ... ensuite rapidement... ».

h) Le choix illusoire. Le thérapeute met en place un choix illusoire lorsqu'il propose à son patient de faire un choix entre deux ou plusieurs propositions qui ont en commun de l'amener à mieux accepter un message dont elles n'offrent que des variantes. En prenant position sur le contenu, le sujet, implicitement, accepte la forme. L'illusion du choix est très proche de l'implication à cela près qu'elle laisse toujours au sujet la possibilité de faire un choix entre deux ou plusieurs propositions, comme dans les exemples suivants.

« Souhaitez-vous entrer en transe lentement ou rapidement ? »
« Pouvez-vous choisir l'une de vos deux mains ? »

Par cette technique, le sujet « gère » certains des éléments de la séance ou de la thérapie, mais cette liberté ne s'exerce que dans l'espace défini par le thérapeute ; c'est en cela qu'il s'agit d'un choix illusoire et donc d'une situation paradoxale.

i) Le lien. Lorsqu'un thérapeute relie, de manière artificielle et en dehors de toutes les données communément admises, deux faits, deux idées ou deux phénomènes, il établit un lien. Dans le contexte de l'hypnose, et c'est ce qui constitue la caractéristique de cette technique, le thérapeute va prendre soin de lier un fait, une idée ou un phénomène incontournable et inévitable à une seconde donnée dont la probabilité était jusque-là, pour le moins, très réduite. Ainsi par exemple :

« ... et à chaque respiration, vos paupières peuvent devenir plus lourdes... ».

Le fait de respirer est inévitable et rend un peu plus probable l'apparition de la lourdeur dans les paupières.

j) Le double lien thérapeutique. Dans le double lien thérapeutique, le thérapeute met le sujet devant un choix illusoire où, de toute manière, il sera obligé d'accepter un changement. Ainsi, lorsque le thérapeute cherche à obtenir la fermeture des paupières et que le sujet visiblement résiste à cette proposition, il peut énoncer :

« ... et vous pouvez avoir envie de résister... et c'est tellement agréable de résister... mais à mesure que vous résistez... vos paupières deviennent de plus en plus lourdes... ».

La première proposition (et vous pouvez avoir envie de résister) constitue le premier lien. Ce premier lien est d'autant mieux accepté qu'il s'agit d'une prescription paradoxale car, effectivement, le sujet résiste déjà. Cela étant acquis et renforcé par la seconde proposition (et c'est tellement agréable de résister), le thérapeute peut poser le second lien (mais à mesure que vous résistez vos paupières deviennent de plus en plus lourdes).

A la différence du double lien schizogénique, décrit par Bateson et son équipe [2], le double lien thérapeutique vise un changement que le thérapeute estime utile dans la thérapie. En outre, le sujet reste tout à fait en mesure d'y échapper par une métacommunication (comme par exemple : « Ce que vous me dites n'a aucun sens »).

Les techniques qui assurent la position basse du thérapeute

Ces techniques font partie des « manœuvres » qu'utilisent habituellement les patients. Jay Haley les a parfaitement bien décrites [32]. Je rappellerai simplement que cette position basse correspond en fait à une position de pouvoir, en ce qu'elle permet à celui qui la « tient » de mieux diriger l'interaction par la définition du contexte. Ces prises de position exigent une certaine inventivité et n'excluent pas l'humour que peut avoir le thérapeute envers lui-même.

1. *Le questionnement.* La répétition de question crée une succession de processus de recherche inconsciente en même temps qu'elle permet au thérapeute de se maintenir en position basse. On peut même penser que l'ennui qui résulte d'une telle situation facilite le processus hypnotique en ce que le sujet se trouve dans l'obligation d'avoir constamment à se « tourner » vers lui-même pour répondre aux multiples questions du thérapeute. S'il se trouve à cours de questions, le thérapeute peut simplement reprendre ce que vient de dire le patient avec, dans sa voix, une tonalité qui fait de sa constatation une nouvelle question :

Thérapeute — ... et vous avez davantage de difficultés à détendre vos épaules ?

Patient — Oui c'est ça, les épaules, mais j'ai très souvent mal au dos.

T. — Vous avez très souvent mal au dos ?

P. — Oui, j'ai déjà vu de nombreux médecins pour cela, j'ai même essayé l'acupuncture.

T. — Vous avez même essayé l'acupuncture ?

2. *Les truismes.* Le thérapeute doit se garder la possibilité d'énoncer des évidences, des truismes. Cela sert plusieurs buts :

— produire un effet de surprise et une certaine confusion, car le thérapeute est censé dire des choses raisonnables, sinon intelligentes ;

— permettre à l'opérateur de « gagner » une ou plusieurs interactions, c'est-à-dire de mieux pouvoir préparer celles qui suivent ;

— connoter positivement les réactions ou les prises de position du sujet ;

— enfin, le truisme peut être l'occasion d'amener une suggestion indirecte par saupoudrage.

En voici quelques exemples :

« ... et c'est tellement agréable de se détendre... ».
« ... et c'est toujours plus difficile lorsque c'est compliqué... ».
« ... et vous savez bien que vous êtes à votre place... ».

3. *La connotation positive.* Celle-ci peut prendre des aspects très différents. Il s'agit parfois pour le thérapeute de simplement reconnaître par un « ... c'est bien... », ou « ... c'est très bien... » les prises de position du patient. Dans d'autres situations, le thérapeute va développer une argumentation plus élaborée :

« ... et vous pouvez prendre plaisir à ce que vous accomplissez en ce moment... ».

Dans tous les cas, il s'agit de créditer le patient des éléments les plus utiles de la thérapie en reconnaissant sa collaboration. Il s'agit également d'éviter qu'un échec (par exemple la non-fermeture des paupières ou l'insuccès d'une catalepsie du bras) ne vienne perturber le cours de la séance.

Les techniques de travail avec la résistance

1. *Le travail avec la négation*

a) Les finalités du travail avec la négation. La négation et son emploi dans la communication hypnotique servent plusieurs finalités :

— la création et le renforcement de la dissociation ;

— la création et le maintien de la position basse ;

— l'induction de la confusion chez le patient ;

— le travail avec la résistance.

b) Les différentes techniques. Pour décrire ces techniques, je suivrai l'ordre des différentes finalités que je viens de définir bien que, très fréquemment, ces objectifs se chevauchent dans le travail avec les patients.

Afin de créer et de maintenir la dissociation, le thérapeute doit établir un clivage entre l'esprit rationnel du sujet et l'autonomisation possible des processus inconscients. Cet objectif est clairement contenu dans la proposition suivante :

« ... et vous n'êtes pas obligé de m'écouter... et vous n'êtes pas obligé de faire quoi que ce soit... ».

L'esprit rationnel (conscient) est invité à se retirer de l'interaction immédiate pour, évidemment, éviter toute critique et permettre à l'inconscient du sujet d'être plus réceptif (dépotentialisation de la conscience). D'une manière générale, le thérapeute considère qu'il doit avoir un discours clair et précis. Longtemps, il s'est refusé à employer des techniques de communication qui restaient, comme je l'ai déjà mentionné, l'apanage du patient, la confusion en fait partie. Plus exactement, elle fait partie des modes de communication qui lui permettent de rester en position basse. A la différence du patient, le thérapeute manifeste l'intentionnalité dans son message. La négation est le moyen le plus simple qui permette de créer cette position basse. Ainsi, par exemple :

« ... et je ne sais vraiment pas à quel moment... » ; « ... et je ne vais rien faire avant que... » ; ou encore : « ... et je n'ai pas besoin de savoir ce que vous avez décidé... »

Parmi les techniques que le thérapeute peut employer afin d'induire chez son patient un certain degré de confusion, la négation est la plus simple à utiliser. Une interrogation constituée de plus de deux négations pose bien des problèmes à celui qui est appelé à l'affronter :

« ... et vous ne savez pas encore à quel moment vous n'allez pas répondre à ma question... ».

« ... vous n'avez pas encore décidé de ne pas répondre à la question que je ne vous ai pas encore posée... ».

D'une manière générale, l'utilisation de la négation par le thérapeute vise à mettre le sujet dans la situation d'épuiser sa résistance ou plutôt la résistance qui résulte de l'activité de son esprit rationnel. Un sujet qui est en situation, ou qui veut résister, est un sujet auquel il faut donner la possibilité de dire « non ! ». Sa capacité de dire « non » va s'essouffler d'autant plus vite que le thérapeute va lui permettre de le faire. Toute notre éducation, entre autres choses, nous a donné l'habitude d'interagir avec nos semblables de manière à obtenir d'eux des réponses positives, c'est-à-dire de manière à avoir le plus souvent raison. Aussi est-il difficile, lorsqu'on apprend la technique qui consiste à obtenir des réponses négatives, de mener ce type de conversation. Pour y parvenir, le plus simple est de poser des questions qui, elles, se présentent sous une forme négative :

T. — ... et vous n'êtes pas encore détendu ?
P. — Non.
T. — ... et vous n'avez pas encore fermé les paupières ?
P. — Non.
T. — ... et vous ne savez pas quelle partie de votre corps vous allez détendre en dernier ?
P. — Non.
T. — ...

La dernière proposition contient une implication très puissante, d'autant mieux « acceptée » qu'elle survient dans une séquence de réponses négatives.

2. *La répétition.* Le thérapeute n'a pas à craindre de se répéter, c'est même souvent une excellente technique. Il doit d'abord considérer que son sujet ne juge pas ces répétitions de la même façon qu'en état d'éveil. Cela permet souvent au sujet, pour échapper à la monotonie des suggestions du thérapeute, de se retirer dans ses propres pensées et de mieux se focaliser sur son « expérience intérieure ».

3. *La séquence d'acceptation.* Cette technique consiste à amener le sujet à répondre positivement à un certain nombre de questions jusqu'à ce que, par « entraînement », il en arrive à répondre par la positive à une question à laquelle il aurait, dans d'autres conditions et dans un contexte qui n'aurait pas été ainsi préparé, répondu soit par l'hésitation soit par la négative. Il s'agit de créer un contexte de positivité qui modifie par « contamination » ([45], p. 39) les réponses habituelles du sujet pour aboutir à un certain recadrage. Ainsi, par exemple :

T. — Êtes-vous venu en voiture aujourd'hui ?
P. — Oui.
T. — Êtes-vous bien assis dans cette chaise ?
P. — Oui.

T. — Est-ce que vous me regardez bien fixement ?
P. — Oui.
T. — Est-ce que vous allez entrer en transe rapidement ?
P. — Oui.

4. *La confusion.* Il s'agit d'une des techniques les plus efficaces et des plus utiles en hypnose. Erickson avait l'habitude de dire qu'elle faisait partie de toute bonne induction.

a) Pourquoi utiliser la confusion ? Elle permet d'abord d'installer chez le sujet cette saturation de l'esprit conscient, pris dans la tâche de résoudre le problème posé par l'attitude et les informations émises par le thérapeute. En ce sens, elle est une des voies royales conduisant à la dissociation par la possibilité d'autonomisation que l'esprit inconscient y trouve. Par ailleurs, la confusion est une technique de communication au même titre que l'implication ou le double lien thérapeutique. C'est même une technique de communication qui est parfois merveilleusement bien utilisée par certains patients. Il paraît alors plus recevable pour un thérapeute de l'induire chez ses patients dans la mesure où ce mode relationnel infiltre déjà la thérapie. A la différence d'autres formes de thérapie, l'hypnose et les thérapies qui en dérivent, comme l'approche stratégique, ne sont pas des thérapies basées sur la compréhension des relations qui unissent les causes et les effets. Le thérapeute cherchera d'abord à induire ici un changement significatif dans l'appréhension qu'a le sujet de ses liens avec sa souffrance. La clarté, l'intelligence explicative des énoncés sont ici remplacées par le caractère heuristique des prises de position du thérapeute en ce qu'elles peuvent permettre un recadrage de la situation du patient. En ce sens, la confusion dans la communication n'est qu'un des éléments de cette communication. Elle ne nuit pas à l'ensemble de la thérapie.

Le thérapeute peut se permettre d'être quelqu'un de relativement imprévisible ([45], p. 64). A l'évidence, on attend habituellement de lui qu'il soit sérieux, c'est-à-dire prévisible, qu'il s'habille d'une certaine manière, que son bureau soit « décoré » de livres et de revues, qu'il parle de manière relativement claire, ou parfois à l'inverse qu'il soit abscons.

b) A chaque patient son type de confusion. Comme nous l'avons déjà vu plus haut, parmi les tâches du thérapeute, le diagnostic de confusion lui permettra de mieux utiliser cette technique selon chaque patient et selon chaque situation. Pour un patient confus dans le temps et souffrant de cauchemars, le thérapeute pourra, par exemple, lui suggérer de continuer à faire ses cauchemars mais en oubliant à quel moment il les fait.

c) Les règles d'utilisation. Pour être efficace et surtout utile, la technique de confusion doit se plier aux règles suivantes :

— son emploi doit correspondre à la personnalité du thérapeute et ne pas être utilisée par lui comme une obligation ou dans le respect aveugle d'un modèle ;

— lorsqu'un thérapeute utilise la confusion, il doit accepter d'être confus lui-même. Autrement dit, il est difficile d'imaginer qu'il puisse contrôler à chaque instant l'ensemble des informations qui constituent son interaction avec le patient ;

— la confusion ne doit être utilisée que dans la mesure où le thérapeute a l'intention et la possibilité, au-delà, d'avancer un autre outil thérapeutique. Ainsi profitera-t-il immédiatement d'une période de confusion du patient pour établir un niveau de dissociation ;

— cette technique a tout avantage à être utilisée avec un sujet qui se trouve lui-même être tout à fait à l'aise avec ce type de communication.

d) Les différents types de confusion. Il est possible de classer les différents types de confusion en distinguant d'abord ceux qui concernent le langage verbal de ceux qui concernent le langage non verbal.

Les types de confusion qui mettent en jeu le langage non verbal se rapportent à l'espace (la latéralité, les dimensions) et au temps (rythme et durée).

Ceux qui concernent le langage verbal peuvent porter sur le nom des objets, le prénom ou le nom des personnes, la dénomination des couleurs ou des formes.

D'autres situations de confusion, enfin, mêlent ces deux niveaux.

e) Les techniques. Les exemples qui suivent portent, par définition, sur des situations verbales et sont très limités. Il est évident que l'imagination de chacun doit compléter et enrichir cette petite liste.

— « Comme vous l'avez dit tout à l'heure... » Cet énoncé du thérapeute, alors que précédemment rien de tel n'a été émis par le sujet, jette une certaine confusion dans l'esprit de ce dernier.

— Variante du précédent : « Vous avez tout à fait raison de penser que... », ou « Vous avez raison d'insister sur le fait que... ».

— Plutôt que d'être celle qui est attribuée au patient, la répétition peut provenir du thérapeute. Ainsi lorsqu'il reprend une idée qu'il a déjà énoncée, il provoque la confusion de son interlocuteur.

— L'utilisation légèrement détournée (juste ce qu'il faut) d'une phrase connue (proverbes, expressions...) produit le même effet. Ainsi, par exemple : « ... qui vole un bœuf, vole un œuf... » ; « ... qui peut le moins, peut le plus... » ; ou encore : « ... il n'y a que le second pas qui compte... » ; « ... mieux vaut ne pas tuer la peau de l'ours avant de l'avoir vendu... » ; et enfin : « ... tout est bien qui commence bien. ».

— Le coq-à-l'âne est une technique bien connue de certains patients. Elle peut être renforcée par l'expression : « Au fait... » qui, placée entre le coq et l'âne, amène le sujet à mieux chercher encore un rapport qui n'est pas toujours très évident. Par exemple, alors qu'un patient est en train de parler de ses douleurs rhumatismales, le thérapeute peut lui demander : « ... au fait, est-ce que votre femme aime aller à la piscine ?... ».

— La négation, déjà mentionnée, surtout lorsqu'elle se répète (généralement au-delà de deux) est assez efficace : « ... et vous n'êtes pas très sûr de ne pas vous souvenir de ce que vous ne m'avez pas dit... ».

— Les jeux de mots, c'est-à-dire la confusion volontairement entretenue entre deux ou plusieurs sens d'un même mot, font que le style du thérapeute se rapproche de l'humour. Les exemples, ici, ne peuvent que perdre de leur saveur retirés de leur contexte.

5. *La surprise.* Proche de la confusion, la technique de la surprise rend le thérapeute non prédictible et oblige le sujet à réévaluer son approche de la situation thérapeutique. C'est en ce sens que le thérapeute peut se permettre d'être non prédictible et instable car s'il estime que le patient peut développer une stratégie de non-changement, il se doit de ne pas lui-même rester dans une stratégie stéréotypée. Le thérapeute crée alors une surprise lorsque son comportement ou, plus simplement, ses questions ou ses prises de position, obligent son patient à passer rapidement d'un contexte à un autre.

La dissociation

Cette notion est abordée à plusieurs reprises dans cet ouvrage. Elle est ici mentionnée comme étant une résultante des techniques que nous venons de décrire.

La ratification

1. *Définition et utilité de la ratification.* Le thérapeute ratifie le comportement, ou les prises de position du sujet, chaque fois qu'il commente verbalement ces comportements ou ces prises de position. Pour cela il se sert de l'observation attentive du langage non verbal du sujet afin d'anticiper, parfois de très peu, la connaissance que peut avoir le patient lui-même de l'apparition de tel ou tel phénomène.

La ratification sert plusieurs buts :

— elle permet au sujet d'avancer dans le processus hypnotique dans la mesure où ce que ratifie le thérapeute devient un élément acquis et irréversible ;

— le thérapeute lui-même y trouve un ensemble de rétroactions qui lui permettent également d'avancer dans son travail ;

— elle connote positivement les prises de position et les réactions du sujet pour en faire des éléments de collaboration ; en ce sens, la ratification fait partie des techniques de travail avec la résistance que peut utiliser un thérapeute.

2. *Les techniques.* Pour le thérapeute, les techniques de ratification consistent à verbaliser immédiatement tout ce qu'il peut percevoir des gestes, des mimiques, des expressions, des états émotifs du sujet. Il peut le faire de manière très immédiate ou plus générale selon les cas :

— par des expressions qui correspondent également à une connotation positive : « C'est bien... » ; « c'est très bien... » ;

— en aménageant la liberté du sujet par l'utilisation de certains verbes ou de certaines expressions. Ainsi, par exemple : « ... et vous pouvez avoir envie de sourire... ou peut-être de mobiliser votre tête... » ;

— la succession des ratifications peut en elle-même être une technique d'induction indirecte. Le sujet ne sait plus à un certain moment si ce dont parle le thérapeute s'est déjà manifesté ou va se manifester.

Les phénomènes hypnotiques

Les trois processus — dissociation, ratification, apparition de phénomènes hypnotiques — sont gérés par le thérapeute de telle façon qu'ils entrent dans des boucles de rétroaction positive. Sur un plan pratique, ils ne peuvent être séparés les uns des autres. Phase ultime du processus mis en place par le thérapeute, l'apparition d'un phénomène hypnotique, c'est-à-dire échappant à la volonté et à l'intentionnalité du sujet, signe l'expérience hypnotique et introduit la dimension thérapeutique.

Les phénomènes hypnotiques seront étudiés dans les chapitres 6, 7 et 8.

Questions naïves

Est-ce que le sujet peut ne pas « revenir » dans la mesure où le thérapeute lui a proposé de « n'être pas obligé de l'écouter » (utilisation de la négation) ?

L'utilisation de cette technique vise, entre autres, à créer ou à renforcer la dissociation. Le thérapeute énonce donc d'abord : « ... et vous n'êtes pas obligé de m'écouter... », ou encore : « ... et vous n'êtes pas obligé de faire quoi que ce soit... » ; mais il ajoute immédiatement : « ... c'est comme si une partie de vous-même m'écoutait... », ou encore : « ... c'est comme si une partie de vous-même était en mesure de faire certaines choses pour vous... ». Ainsi le thérapeute, en même temps qu'il « crée » la dissociation, « crée » pour lui-même et pour le sujet la possibilité d'une meilleure communication, d'une meilleure interaction puisque la partie consciente du sujet va pouvoir ainsi mieux observer l'ensemble de l'expérience hypnotique. Cela fait qu'il est alors impossible que le sujet « échappe » complètement au thérapeute.

Est-il important que le sujet ferme les yeux pour entrer en état d'hypnose ?

D'une manière générale, il est préférable que le sujet ferme les paupières à un moment ou à un autre. Cela lui permet de se concentrer plus facilement sur telle ou telle sensation. Il arrive cependant, notamment avec des personnalités plutôt intellectuelles, que la fermeture des yeux soit difficile à obtenir, elle est même dans ce cas-là déconseillée. Le thérapeute accorde alors la priorité au besoin de vigilance qu'éprouve le sujet dans le déroulement de la thérapie.

Pourquoi ne pas délimiter clairement la phase d'induction de l'état d'hypnose proprement dit ?

Je décris ici les techniques d'hypnose qu'un thérapeute peut utiliser dans une situation clinique et non pas une seule procédure qui aurait un caractère universel. Dans le contexte clinique, étant donné la subjectivité de ce type d'expérience, une séance d'hypnose ne ressemble jamais point par point à une autre séance d'hypnose. Le thérapeute doit rester inventif et, pour cela, accepter de ne pas entrer dans un cadre d'intervention trop étroit, même si cela est souvent plus rassurant. Par ailleurs, la notion d'induction a pour corollaire de considérer l'hypnose comme un état plutôt que comme un processus. Cette seconde approche ayant ma préférence, j'ai choisi de ne pas établir de distinction trop claire entre des phases qui me semblent se dérouler sur un même continuum.

Que faire lorsqu'on a peur de se tromper de mots par manque d'expérience ou par maladresse ?

Évidemment, un thérapeute n'est pas à l'abri d'un lapsus ou d'une erreur dans le choix de tel ou tel terme, de telle ou telle expression. S'il redoute particulièrement ce type de problème, la meilleure technique pour le thérapeute consiste à poser en quelque sorte un « fusible » en utilisant, par exemple, avec son sujet, dans les premières phases de l'induction la phrase suivante : « ... et s'il m'arrive involontairement d'utiliser un mot pour un autre... ou une expression pour une autre... vous n'avez pas besoin d'en être troublé... votre inconscient peut de lui-même me corriger... ».

Que faire lorsque le sujet pleure ?

Les larmes manifestent un état émotionnel auquel l'observateur attribue généralement une tonalité dépressive ou anxieuse. Cependant, dans la plupart des cas, il ne s'agit pour le sujet que d'une manifestation physiologique, sans connotation émotionnelle, qui inquiète davantage le thérapeute que le sujet.

Le thérapeute doit-il ratifier tous les gestes et toutes les réactions du sujet ?

D'une manière générale, le thérapeute doit ratifier tous les gestes et toutes les réactions du sujet. Cela permet de faire de la communication thérapeutique une démarche d'accompagnement en même temps que les suggestions indirectes prennent ainsi plus d'effet. A cette règle générale je verrais cependant trois exceptions. Lorsque des larmes apparaissent — cela complète la réponse à la question précédente —, lorsque le sujet déglutit et lorsque, enfin, des petits mouvements de fasciculation ou des décharges musculaires brutales se manifestent, le thérapeute doit se montrer très circonspect dans l'utilisation de la procédure de ratification. Dans ces trois types de manifestations, le thérapeute risque d'être davantage gêné que le sujet. Par une ratification trop évidente, il risque alors d'attirer inutilement l'attention du sujet sur ces phénomènes entraînant ainsi un risque d'amplification de ces mêmes phénomènes.

En quoi la notion d'inconscient est-elle ici différente ?

Elle est effectivement pour le moins différente, à tel point que la question se pose de l'opportunité de l'usage d'un autre terme, tant celui-là est évidemment infiltré par les conceptions psychanalytiques. Dans une approche éricksonienne, l'inconscient entre moins dans une topique que dans un processus. Or tout processus est, dans notre culture occidentale, difficilement abordé sans se trouver morcellé, « mécaniquement », par la soif des causes et des « pourquoi ».

En risquant cependant une définition, j'avancerais que l'inconscient est ici un processus psychique dont les éléments mnésiques, la logique, les conclusions et les prises de position évoluent parallèlement, et de manière autonome, par rapport aux processus de notre conscience immédiate. Ces processus inconscients agissent habituellement comme des correcteurs et des pourvoyeurs d'alternatives face à nos prises de position conscientes, rationnelles et logiques. C'est ici qu'à mon sens s'établit une approche différente de l'inconscient qui reste constamment en contact avec notre vie consciente non pas pour en recevoir les pulsions, les refoulements et autres « restes », mais également pour en enrichir le contact avec la réalité. Autrement dit, c'est ainsi que l'être humain apprend à gérer son existence. Je ne partage pas l'optimisme d'Erickson qui considérait que l'inconscient protège toujours la personne en estimant plutôt que la personne est protégée, ou plutôt développe ses apprentissages, grâce au processus coévolutif qui résulte de l'interaction entre le conscient et l'inconscient. Grâce au processus de dissociation, le thérapeute réapprend au patient à se servir des possibilités d'enrichissement et du « savoir-faire » de son inconscient. J'aurai l'occasion d'y revenir.

Que devient la notion de transfert ?

Un corpus théorique se compose d'un certain nombre de concepts. Le concept de transfert fait partie de la psychanalyse, même s'il est en partie issu de la pratique de l'hypnose classique, celle du XIXe siècle. Des théories différentes peuvent tenter de « rendre compte » des mêmes faits, sans pouvoir éviter de les modifier. Tout passage, voire toute transposition, d'un concept d'un corpus théorique à un autre risque d'invalider l'ensemble de la théorie ; c'est même là l'intention de ceux qui proposent la comparaison des mêmes faits au travers de concepts différents. Ainsi la notion de « transfert », au sens freudien, ne peut rendre compte de ce qui se produit pour un sujet confronté aux techniques et à la méthodologie issues de l'hypnose éricksonienne. D'un point de vue clinique, et pour reprendre les termes de la psychanalyse, je fais en sorte de cultiver la névrose de transfert du patient.

Pensez-vous que la notion de dissociation peut remplacer la distribution inconscient/conscient ?

Il est difficile pour un thérapeute de changer ses paradigmes, sans compter que notre esprit se satisfait plus facilement des différences et des clivages que des similitudes et des rapprochements pour appréhender la complexité de la réalité dans laquelle nous sommes plongés.

S'il pouvait prétendre à devenir lui-même un paradigme, le terme de dissociation devrait être compris comme la simultanéité de deux expériences apparemment contradictoires et non pas seulement comme la scission que peut créer le thérapeute entre deux éléments de la personnalité du sujet.

Au reste, j'insisterai suffisamment sur cette notion de dissociation pour que le lecteur lui attribue un statut qui conviendra à la carte qu'il possède déjà du territoire de la psychothérapie.

3

LE PROCESSUS HYPNOTIQUE : SÉQUENCE TYPE

Dans ce chapitre, je vais maintenant décrire, point par point, ce qui peut apparaître comme le déroulement type du processus hypnotique, c'est-à-dire le modèle à partir duquel peut dériver, selon les spécificités de chaque patient, de chaque situation, le style de chaque thérapeute. Les modèles, pour être plus facilement décrits, demandent à être clairs et précis. Je ne tiendrai pas compte ici de la variété de ces situations et des problèmes posés aux thérapeutes.

Je distinguerai ici huit phases.

L'anamnèse et la création du rapport thérapeutique

Cette première phase comprend elle-même plusieurs mouvements. Sa première utilisation, ce qui infiltre son déroulement, est la nécessité pour le thérapeute d'effectuer les différents diagnostics décrits plus haut. Il s'agit cependant de mettre en route une interaction sans considérer pour autant qu'il s'agit d'une simple phase d'évaluation : le thérapeute est d'emblée un instrument de travail.

Les présupposés concernant l'hypnose

Lorsqu'un patient demande une thérapie par l'hypnose, sa démarche s'est construite autour de certains présupposés dont voici les plus fréquents :

« La thérapie va être très brève, peut-être même une seule séance me suffira. »

« Je ne vais pas avoir conscience de ce qui va se passer au cours de la séance. »

« Je ne viens chez ce thérapeute que dans la mesure où j'ai suffisamment confiance en lui mais j'ai peur de dire des choses dont je n'ai pas envie de parler, peut-être même pourrais-je ne pas m'en souvenir. »

« L'hypnose agit comme un scalpel capable de me retirer de la tête, avec une grande précision, toutes les mauvaises idées et les mauvais comportements dont je me plains. »

« L'hypnose va me permettre de retrouver un épisode de mon enfance dont la reminiscence va automatiquement supprimer mon symptôme. »

« L'hypnose confine à la magie et à la parapsychologie, on peut, grâce à elle, déplacer les objets ou tordre les métaux... »

A l'évidence, il apparaît tout à fait nécessaire pour le thérapeute de faire en sorte que ces différents présupposés soient débusqués afin d'en relever les incohérences et les inexactitudes.

Les positions corporelles du thérapeute et du sujet

Le thérapeute se place face à son patient, légèrement de côté, à une bonne distance, c'est-à-dire ni trop proche ni trop éloigné. Trop proche du patient, il risquerait alors de l'indisposer en envahissant ainsi son espace corporel ; trop éloigné, il donnerait l'impression d'avoir peur ou de ne pas vouloir entrer en contact avec lui. La position en face à face est déconseillée, car elle objective une mise en symétrie de la relation alors qu'il est préférable de la voir s'instaurer sur un mode complémentaire.

La position corporelle du sujet

Le sujet doit pouvoir être assis dans une position confortable :

— dans un siège comprenant les accotoirs et dont le confort ne soit pas trop « spartiate » ni trop excessif ;

— il est préférable que ce siège ne comporte pas d'appuie-tête pour permettre une certaine mobilité du cou et de la tête ;

— ses pieds doivent pouvoir être posés à plat sur le sol ;

— ses mains sont posées chacune sur une cuisse.

Lorsque cela est possible, il est préférable que le sujet soit invité à retirer ses lunettes, voire ses lentilles de contact. Les lunettes peuvent gêner le thérapeute dans la moindre appréciation qu'elles entraînent des réactions du sujet. Chez certaines personnes, un dessèchement transitoire de la cornée peut apparaître au cours de la séance et, dans de rares cas, entraîner des problèmes avec les verres de contact.

La création du rapport thérapeutique

Ces termes recouvrent un ensemble de techniques qui ont pour but de créer entre le thérapeute et son patient une qualité de communication nécessaire à une meilleure conduite de la thérapie. Il s'agit là exclusivement de techniques non verbales dont l'efficacité est d'autant plus grande qu'elles sont perçues inconsciemment par celui à qui elles sont adressées.

a) *La mise en rythme (pacing).* Dans ce premier temps, le thérapeute va se mettre au « diapason » de son sujet, sur la même « longueur d'onde ». Il va adopter sa position corporelle, son type de gestuelle, ses habitudes musculaires. Parmi tous ces éléments, le plus utile, parce que relevant d'une activité physiologique tout à fait intime en même temps qu'involontaire, est, comme je l'ai déjà mentionné, l'adoption par le thérapeute du rythme respiratoire du sujet.

b) *La mise en miroir (mirroring).* Cette première phase aboutit à une similitude des positions corporelles qui passe généralement tout à fait inaperçue par le sujet. Il est vrai que cette seconde phase est habituellement très rapide et qu'elle n'est ici détachée des deux autres que de manière tout à fait artificielle [42].

c) *La conduite (leading).* Après avoir adopté le rythme du patient, le thérapeute va pouvoir plus facilement en modifier les caractéristiques. Ainsi, si le thérapeute cherche à créer une atmosphère de détente, il pourra l'obtenir plus facilement en permettant au patient de respirer plus calmement, c'est-à-dire en diminuant la fréquence de son rythme respiratoire. Cette démarche n'est possible que dans la mesure où il aura adopté d'abord lui-même ce rythme avant de pouvoir le « conduire ». Pratiquement, cela signifie que le thérapeute ne parle que lorsque le sujet expire, en allongeant progressivement ses phrases, ce qui doit lui permettre, lorsque la technique est bien employée, d'allonger ainsi indirectement le rythme respiratoire du patient, donc de lui procurer une certaine détente.

Focalisation et accompagnement des sensations corporelles

Ayant ainsi amené un contexte de détente, le thérapeute va maintenant pouvoir focaliser l'expérience du sujet sur une partie beaucoup plus limitée de son corps.

De l'extérieur vers l'intérieur

La focalisation des sensations passe par un « rétrécissement » de la vie sensorielle du sujet. Les afférences[1] sont ainsi coupées au fur et à mesure que le sujet entrera dans un processus hypnotique. Le thérapeute va donc évoquer des expériences sensorielles qui ont pour caractéristique de rétrécir le champ perceptif du sujet. Il peut d'abord parler de la lumière dans la pièce, puis de la température de cette même pièce, pour passer ensuite au rythme respiratoire du sujet avant d'attirer son attention, éventuellement, sur son rythme cardiaque.

1. Afférence : (terme médical) canaux sensoriels qui transmettent les informations de l'extérieur vers l'intérieur.

Le travail avec les mains

Une des techniques les plus simples consiste à inviter le sujet à choisir l'une de ses deux mains (choix illusoire). Il peut ou non la regarder ou simplement, mieux, l'imaginer. Dans ce dernier cas, le sujet fermera plus facilement les paupières. Après ce choix, le thérapeute propose au sujet de rester très attentif à l'une ou l'autre des sensations suivantes qui, à un moment ou à un autre, peuvent apparaître : engourdissement, fourmillements, lourdeur, légèreté, rafraîchissement, chaleur... Cette suggestion ouverte comporte peu de risques pour le thérapeute dans la mesure où, lorsqu'une main reste immobilisée, elle « manifeste » de toute manière l'une de ces sensations. Par une technique de saupoudrage, le thérapeute peut augmenter la probabilité d'apparition de tel ou tel phénomène comme, par exemple, la légèreté lorsqu'il s'agit d'induire une catalepsie du bras. L'intérêt du travail avec les mains est que la construction d'une catalepsie du bras ou qu'une lévitation du bras (voir chap. 6), se trouvent ainsi grandement facilitées.

La fermeture des yeux

Comme je l'ai déjà précisé, il est préférable que le sujet ferme les paupières. Cependant, il s'agit là d'une règle qui supporte fort bien les exceptions. Pour les sujets les plus résistants, cette phase de son travail peut se révéler être un moment difficile pour le thérapeute. Le sujet le sent fort bien. La fermeture des paupières marque le moment où il se coupe des afférences visuelles ; il perd ainsi la possibilité de mieux contrôler ce que fait le thérapeute. Une des techniques que ce dernier peut utiliser consiste à relier la sensation apparue dans une des deux mains (indéniable) à celle, la lourdeur, qui peut dès lors apparaître au niveau des paupières (prédictible). S'il ne parvient pas à ses fins, il est préférable que le thérapeute ne s'obstine pas, il doit connoter positivement cette prise de position du sujet en soulignant l'importance de la vigilance dont il se montre ainsi capable. Il pourra revenir ultérieurement sur cette phase à moins qu'entre temps, ce qui est fréquent, le sujet ne ferme « spontanément » les yeux.

Construction de la rétroaction

L'importance de la rétroaction

Le sujet a maintenant les yeux fermés, il a perdu tout contact visuel avec son contexte immédiat. En face de lui, le thérapeute n'a qu'une idée très imprécise de l'ensemble des sensations, des souvenirs, des émotions qui interviendront dans l'expérience hypnotique du patient. Même l'anamnèse la plus poussée ne peut absolument éviter tout risque de « dérapage », c'est-à-dire la possibilité que l'expérience hypnotique ne soit perturbée par des phénomènes physiologiques désagréables ou des souvenirs inopportuns.

Il importe ainsi que le thérapeute construise avec son sujet un outil qu'on peut appeler « feed-back » ou rétroaction, grâce auquel il puisse, à chaque instant, rester en contact avec lui et par lequel ce sujet puisse répondre rapidement et clairement à des questions simples comme : « Est-ce que vous êtes confortable actuellement ? », « Est-ce que vous êtes bien détendu ? », ou encore : « Est-ce que vous souhaitez vivre une autre expérience ? »

Dans tous les cas, il faut que le thérapeute se souvienne qu'il ne doit poser que des questions simples et une seule question à la fois. En face de lui, le sujet ne peut généralement répondre que par « oui » ou par « non ». Cette rétroaction se construit essentiellement avec la partie consciente du sujet, celle qui est en mesure d'informer le thérapeute sur ce qu'elle observe. Cependant, le thérapeute peut également considérer qu'il est en mesure d'établir un dialogue avec l'inconscient du sujet, notamment grâce à la technique du signaling.

Les techniques de construction de la rétroaction

Trois techniques seront décrites ici.

La mobilisation de la tête

C'est la technique la plus simple, celle qu'utilisent parfois spontanément les sujets. Mais étant donné leur « paresse musculaire », tout se passe comme s'ils avaient besoin, le plus souvent, de la permission du thérapeute pour le faire. L'opérateur peut donc énoncer :

« ... et lorsque je vous poserai une question... les muscles de votre cou qui peuvent... mobiliser votre tête... peuvent rester vigilants... ». Ou encore :

« ... et pour me répondre... votre inconscient peut laisser vigilants... les muscles qui peuvent vous permettre... de mobiliser votre tête... ».

La communication verbale

Dans ce cas, le sujet répond verbalement, là également spontanément ou sur son invitation, aux questions du thérapeute. Cependant, certains thérapeutes répugnent à mettre en place ce type de rétroaction. Ils craignent que le sujet ne se « réveille » ou soit perturbé par le fait de parler. Cette crainte est sans fondement ; encore une fois, il est facile de le comprendre lorsqu'on a bien intégré le mécanisme de la dissociation : c'est la partie la plus vigilante (observateur) du sujet qui parle, l'autre partie peut continuer à « voyager » là où elle a envie de partir. Avec certains patients cette technique « apparaît » spontanément. Pour d'autres, le thérapeute doit l'induire :

« ... et vous pouvez lorsque vous le souhaitez... utiliser les muscles qui vous sont utiles pour... me parler et répondre aux questions que je peux vous poser... ou me faire partager ce que vous ressentez... ». Ou encore :

« ... et si je vous pose une question... tous les muscles dont vous avez besoin pour... me répondre peuvent rester vigilants... »

Le signaling

Par cette technique, le thérapeute construit, entre lui-même et son sujet, à la fois une réponse hypnotique et une communication directe avec l'inconscient de ce sujet. Il s'agit d'en arriver à ce que l'inconscient du sujet, au travers d'un mouvement « involontaire », habituellement au niveau d'un doigt, manifeste telle ou telle prise de position à la requête du thérapeute. Ce que ce dernier peut énoncer comme suit :

« ... et peut-être si je vous pose une question... votre inconscient peut répondre "oui"... par un mouvement de l'index gauche... ou "non" par un mouvement de l'index droit... ».

Cette procédure est relativement complexe ; aussi le thérapeute doit-il en avoir une bonne pratique et être en mesure de l'exploiter au mieux. Cette complexité fait que cette technique n'est pas toujours fiable ; elle suppose que le processus de dissociation soit déjà bien installé. En effet, un risque de malentendu subsiste avec le sujet notamment sur la signification à donner à tel ou tel mouvement de tel ou tel doigt. De plus, la construction du signaling au niveau d'une ou des deux mains risque, éventuellement, d'entrer en concurrence avec une catalepsie du bras ou une lévitation de la main.

Induction de la dissociation

La construction de la dissociation constitue, en clinique, la phase la plus délicate mais la plus heuristique du processus thérapeutique que le thérapeute met ainsi en place. Je ferai l'hypothèse que, jusqu'à ce point de la séance type, le sujet focalise ses sensations au niveau de ses mains et qu'il a les paupières closes.

La dissociation princeps

La dissociation princeps consiste en la séparation qu'introduit le thérapeute dans l'expérience du sujet, entre une partie consciente de sa personnalité (l'observateur) et une partie inconsciente qui gère de manière autonome et non intentionnelle l'apparition et le développement de certains phénomènes qualifiés par le terme d'hypnotiques (l'observé). A partir de ce point de la séance, le thérapeute va « automatiser », au travers des termes et des expressions qu'il utilise, certaines parties du corps du sujet et, en conséquence, les phénomènes qui peuvent s'y manifester :

« ... et cette légèreté que montre peut-être votre main gauche... ou votre main droite... »

« ... et votre paupière peut vous donner cette sensation de lourdeur... peut-être plus facilement à droite... ou à gauche... »

Selon le niveau intellectuel de son sujet, le thérapeute va soit directement employer le mot « inconscient », soit utiliser des métaphores comme : « une partie de vous-même », « l'arrière de votre tête », ou encore « la partie cachée de votre esprit ». Ainsi :

« ... et votre inconscient peut mettre cette sensation dans votre main droite... ou votre main gauche... »

« ... et tout se passe comme si une partie de vous-même pouvait... sans que vous ayez besoin d'y penser... mettre cette légèreté dans votre main... »

« ... et vous pouvez faire confiance à votre inconscient... qui permet à vos paupières de ressentir ce confort... avant de se refermer sur vous... »

Lorsque cette dissociation princeps est bien installée, le sujet à tout à fait l'impression de laisser pour lui-même s'autonomiser des sensations, d'abord corporelles, avant que s'installent des expériences plus complexes où interviennent d'autres niveaux de dissociation.

Les autres niveaux de dissociation

A partir de ce premier niveau de dissociation, le sujet va pouvoir expérimenter, sous la conduite du thérapeute, d'autres niveaux de dissociation dont voici quelques exemples :

— un niveau de dissociation sujet/partie du corps (main, paupière...). Ce niveau permet à certaines parties du corps de s'autonomiser comme dans la catalepsie du bras ou la lévitation de la main ;

— la dissociation entre les côtés droit et gauche du corps. Cette stratégie peut être, par exemple, utilisée par le thérapeute pour le contrôle de la douleur ;

— la dissociation entre le corps et le symptôme ou la partie du corps qui correspond à une souffrance ;

— la dissociation entre le souvenir et l'affect qui peut y être attaché. Ainsi devant un souvenir qui peut être désagréable, par exemple dans la régression en âge (voir chap. 7), le sujet va pouvoir prendre le recul nécessaire et mieux tirer profit de ce type d'expérience ;

— un niveau de dissociation qui se prolonge au-delà de la séance d'hypnose proprement dite au travers de la suggestion post-hypnotique. Dans ce cas, tout se passe comme si des consignes sont directement adressées à l'inconscient du sujet avant d'être recouvertes par l'amnésie.

Maintien de l'état d'hypnose

Les caractéristiques du processus hypnotique

Le processus hypnotique proprement dit, en situation clinique, est instable. On peut penser que le niveau de vigilance du sujet, et le niveau de dissociation, varient sensiblement au cours du processus. Cela fait partie des manifestations de résistance que peut montrer, ou utiliser, le sujet devant la dissociation. Ce processus hypnotique peut, en quelque sorte, être considéré comme une coque vide qui ne se suffit pas à elle-même. Cet outil n'existe que dans la mesure où il est utilisé à chaque instant. Dans ce sens, on peut considérer qu'il ne s'agit que d'un contexte dont l'art du thérapeute est d'en faire un contexte d'apprentissage. Cette notion d'apprentissage caractérise ainsi l'expérience hypnotique.

Les objectifs du thérapeute

D'une manière générale, il paraît souhaitable que le thérapeute ait une idée assez claire du niveau de vigilance du sujet et donc de son niveau de dissociation. Il cherchera moins à l'approfondir qu'à le stabiliser de manière à mieux assurer le travail thérapeutique. Pour faire de la séance d'hypnose un contexte d'apprentissage, le thérapeute se doit de multiplier les expériences qui la constituent et en font un outil thérapeutique.

Les techniques de stabilisation de la transe

Dans une optique clinique, c'est davantage la qualité de la dissociation que la profondeur de la transe qui doit préoccuper le thérapeute. La dissociation constitue le socle sur lequel le thérapeute construit à la fois ses interventions et en assure le caractère thérapeutique.

La qualité de la rétroaction

C'est lorsqu'il se trouve, avec son patient, bien engagé dans le processus hypnotique que le thérapeute se rend compte de l'importance de la qualité de la rétroaction. Il se doit de savoir « où en est » exactement le sujet. Lorsqu'il manque d'informations, le sujet peut lui « échapper », généralement d'ailleurs dans le sens d'un approfondissement de la transe, c'est-à-dire dans le sens d'un « affaiblissement » de la dissociation qui n'est plus suffisamment marquée.

La qualité de la dissociation

Lorsque la dissociation s'efface, le sujet échappe au thérapeute mais « s'échappe » également à lui-même. Il n'est plus observateur de sa propre expérience. C'est ce que, dans l'hypnose classique, on appelait l'approfondissement de la transe jusqu'au stade du somnanbulisme [56]. Or, dans une perspective thérapeutique, le contexte hypnotique ne reste pertinent que dans la mesure où le sujet reste en mesure de contrôler l'ensemble des expériences qu'il y trouve.

La multiplication des expériences hypnotiques

Le meilleur moyen de stabiliser la transe consiste à induire des phénomènes hypnotiques directement observables, aussi bien pour le sujet que pour le thérapeute. Le maintien de ces phénomènes assure et démontre le maintien du niveau de transe. En cela la catalepsie du bras est une technique incontournable. L'accompagnement du thérapeute se manifeste par son souci d'alimenter une boucle de rétroaction positive constituée par la dissociation, l'apparition des phénomènes hypnotiques et la ratification qu'il en fait.

La métacommunication

Le sujet va d'autant mieux participer à son expérience hypnotique, et être crédité des apprentissages qu'il y trouve, que le thérapeute et lui-même métacommuniquent sur cette expérience. De la même façon qu'on peut rêver et se dire à soi-même que ce rêve est très agréable et qu'il serait vraiment dommage de le quitter, le thérapeute ne doit pas craindre d'avancer les propositions suivantes :

« ... est-ce que cela vous intéresse de faire une autre expérience ?... »

« ... et ce que vous faites en ce moment est quelque chose... qui peut vous être utile... même si vous ne savez pas encore comment... cela peut vous être utile... »

« ... et vous pouvez rester vous-même... quelles que soient les expériences que vous vivez... »

Le sujet y trouve la possibilité de gérer alors son propre niveau de dissociation.

Techniques de réassociation

La définition de la réassociation

La réassociation consiste, pour le thérapeute, à effacer les niveaux de dissociation qu'il a précédemment induits chez son sujet. En cela la transe hypnotique prend, et doit prendre, un aspect parfaitement symétrique (cf. fig. 12). Lorsque cette phase n'est pas parfaitement assurée par le thérapeute, il existe un risque réel pour le sujet. En effet, certains éléments constitutifs de la transe peuvent subsister au-delà de la transe, comme des suggestions post-hypnotiques parfois bien involontaires. Ainsi, lorsque la lourdeur des paupières a été un enjeu important, le thérapeute doit accorder autant d'importance à leur ouverture. Si ce n'est pas le cas, le sujet peut, à son réveil, ressentir des sensations parfois désagréables au niveau des yeux.

Les techniques

A cette fin, le thérapeute va simplement refaire à rebours le chemin qu'il avait suivi en compagnie de son patient pour rétablir une continuité dans l'expérience de ce dernier lors de son réveil. Par exemple, lorsqu'une lévitation de la main et du bras droit a été précédemment induite, la phase de réassociation peut se dérouler comme suit :

T. — ... et dans un moment... lorsque votre inconscient le choisira... il va remettre une certaine lourdeur dans votre main droite...
P. — ...
T. — ... d'abord lentement...
P. — *(la main commence à s'abaisser).*
T. — ... et il peut y avoir ce mouvement dans votre coude... et peut-être dans votre épaule...

P. — ... je sens... elle s'abaisse...

T. — ... elle s'abaisse... c'est bien... c'est très bien... et vous pouvez à mesure que votre main et votre avant-bras s'abaissent... jusqu'à ce qu'ils touchent votre cuisse droite...

P. — *(la main touche presque la cuisse).*

T. — ... retrouver le contact avec vous-même.. avant de vous réveiller complètement.

Réveil et retour à l'état antérieur

La définition

Dans bien des cas, le « réveil » sera plus difficile à obtenir, que l'« endormissement ». J'utilise ici ces termes par facilité de langage. Comme je l'ai déjà mentionné, le sujet apprécie généralement ce type d'expérience pour le repos et la détente qu'il y trouve, mais également pour la qualité et la spécificité des sensations que procure le processus hypnotique.

Les techniques

La suite de la réassociation

La technique la plus simple consiste à lier la disparition d'un phénomène hypnotique avec l'apparition de ce réveil. Ainsi, lorsque le sujet a un bras en catalepsie, le thérapeute peut proposer ce qui suit :

« ... et à un moment ou à un autre, votre inconscient va remettre une certaine lourdeur dans cette main... et ce n'est que lorsqu'elle se posera de nouveau... sur votre cuisse que vous pourrez... ouvrir les paupières et vous réveiller complètement... »

Le lien avec des phénomènes inévitables

Ici, le thérapeute lie l'apparition de ce réveil à un ou plusieurs phénomènes inévitables. Ainsi, par exemple :

« ... et vous pouvez prendre deux ou trois respirations profondes... avant de vous réveiller complètement... »

Les suggestions indirectes

Toute la gamme des suggestions indirectes peut être utilisée pour l'obtention de ce réveil. Là encore il s'agit d'éviter d'en faire un défi et une occasion d'échec pour le sujet ou le thérapeute. Celui-ci peut, par exemple, utiliser une implication ou un choix illusoire :

« ... et vous pouvez revenir là ou vous étiez... d'abord lentement... »
« ... et vous pouvez vous réveiller... peut-être plus rapidement... ou moins rapidement... »

Phase des vérifications

Définition

Au décours de la transe hypnotique, il importe que le thérapeute vérifie en quelque sorte l'intégrité de la personne de manière à éviter qu'un élément quelconque du processus hypnotique subsiste en tant que suggestion post-hypnotique « indirecte ». Pour mieux satisfaire cette exigence, le thérapeute doit toujours être très attentif à la partie de son corps que le sujet regarde, même furtivement, dès qu'il ouvre les yeux. Il désigne ainsi, non verbalement, une zone qui peut le gêner ou l'inquiéter : une main engourdie, l'insensibilité d'un doigt ou une douleur dans l'épaule. Cette vigilance du thérapeute peut donc lui apporter de précieux renseignements sur le travail qui lui reste à accomplir dans cette dernière phase.

Les techniques

La technique indirecte

La plus simple consiste à faire en sorte que le sujet mobilise une grande partie de son corps. Le thérapeute peut le faire lui-même et il y a de grandes chances que le sujet le suive par imitation.

La technique directe

Le thérapeute peut également poser des questions plus directes au patient. Ainsi, par exemple :

T. — Est-ce que vos mains sont bien revenues ?
S. — Oui, je crois.
T. — Peut-être c'est mieux si vous pouvez les mobiliser.
S. — *(le sujet mobilise ses mains).*
T. — Voilà, c'est bien, elles sont bien revenues maintenant.

Le thérapeute va pouvoir travailler ici préférentiellement avec les parties du corps du sujet qui ont été l'objet d'interactions spécifiques au cours de la séance, généralement les mains, les bras, les paupières ou la tête et le cou.

Questions naïves

Doit-on toujours utiliser la procédure décrite ?

Comme je l'ai précisé au début de ce chapitre, la procédure ici décrite est une procédure très générale. Elle n'a un intérêt que dans la mesure où elle s'adapte à chaque patient et à chaque situation.

L'état de dissociation n'est-il pas extrêmement banal, par exemple dans la transe mystique ?

Il est tout à fait probable que certaines disciplines extrême-orientales permettent, à ceux qui s'y réfèrent, d'atteindre des états comparables à ceux que peuvent décrire les sujets qui expérimentent le processus hypnotique. Ces techniques correspondent probablement à des techniques d'autohypnose tout à fait élaborées et ce, d'autant plus qu'elles correspondent à un bain culturel qui leur est favorable.

Que se passe-t-il pour un patient si son thérapeute meurt d'une crise cardiaque en plein milieu d'une séance d'hypnose ?

Il s'agit évidemment là d'une situation extrême que je n'ai pas eu l'occasion d'expérimenter directement. En tout état de cause, encore une fois, le sujet qui expérimente un processus hypnotique reste présent dans l'interaction. Lorsque celle-ci vient à s'altérer, pour une raison quelconque, il est tout à fait possible d'imaginer une procédure, en l'occurrence l'intervention d'une tierce personne ou un « réveil » spontané, qui permette de résoudre ce problème, il n'en reste pas moins que la disparition de son thérapeute est rarement bien vécue par son patient.

Est-ce que le sujet peut ne pas sortir de la transe ?

Il arrive que le sujet manifeste beaucoup de résistance lors de cette phase du processus hypnotique. Il arrive également que le thérapeute éprouve des difficultés techniques pour y parvenir. Généralement, le sujet passe alors, au bout d'un certain temps, à une phase de sommeil physiologique. Cela dépend évidemment du type de pathologie du patient. J'ai personnellement connu cette situation avec un patient qui présentait une symptomatologie hystérique et qui, à l'issue de chaque séance, s'endormait pour une heure ou deux. C'était sa seule façon, à ce stade de la thérapie, de la contrôler.

Le sujet peut-il répondre au cours de la séance à d'autres suggestions qu'à celles du thérapeute ?

D'une manière générale le sujet répond exclusivement aux suggestions du thérapeute à moins qu'il n'ait reçu de ce dernier des indications contraires. Auquel cas il suivra les prescriptions de la personne (ou des personnes) désignée par le thérapeute.

4

LE VÉCU SUBJECTIF DU PROCESSUS HYPNOTIQUE

Chaque individu expérimente le processus hypnotique selon ses propres idiosyncrasies. Ces idiosyncrasies subjectivisent le vécu de chaque sujet, ce qui fait qu'il est impossible ici d'envisager deux expériences hypnotiques semblables. Il existe cependant des lignes de force et des constantes qui permettent de décrire, du point de vue des acteurs, les caractéristiques de ce vécu. Il m'a donc semblé utile de tenter de décrire, des deux côtés de la barrière, pour le sujet et ensuite pour le thérapeute, l'expérience subjective de l'un et de l'autre.

L'expérience subjective du sujet

Le confort

De manière très générale, le processus hypnotique correspond à un état de confort pour le sujet. C'est d'ailleurs ce que le thérapeute cherchera à induire pour lui. C'est même là l'élément de base qui fait de l'hypnose une expérience thérapeutique. En cela, comme je l'ai déjà précisé, elle diffère peu de la sophrologie, de la relaxation, du rêve éveillé dirigé de R. Desoille [13], du training autogène de J.H. Schultz [50]. Cependant, ce confort ne constitue que le premier stade de l'acte thérapeutique. Malgré tout, il arrive que cet élément soit précisément le plus difficile à obtenir, notamment en cas de douleur ou d'angoisse extrême. Dans ce cas, la thérapeutique tentera de focaliser la détente ou la douleur en un point particulier du corps avant de chercher, éventuellement, à globaliser la sensation de détente. Au cours de la séance proprement dite, a contrario, le thérapeute ne doit pas craindre d'induire une sensation ou une expérience désagréable. Dans la mesure où le rapport thérapeutique est bien construit, dans la mesure également où la demande du sujet correspond à une souffrance bien précise, le thérapeute doit montrer qu'il ne craint pas lui-même de l'affronter. Il liera alors cette expérience désagréable, en termes d'apprentissage, avec ce qui peut constituer de nouvelles capacités pour le sujet. Dans d'autres cas enfin, ce confort est non seulement difficile à obtenir, mais déconseillé, car le fait même de l'évoquer place le sujet aux antipodes de ce qu'il ressent dans sa vie quotidienne. Il n'en reste pas moins qu'il arrive très fréquemment que le sujet se montre réticent à « sortir » du processus hypnotique dans la mesure où il s'agit souvent d'une expérience très agréable pour lui.

La dissociation

En même temps qu'elle est cardinale, la notion de dissociation est la plus difficile à décrire car elle est éminemment subjective. Cet élément est cependant au cœur de la spécificité de l'hypnose par rapport aux techniques citées plus haut. Cette dissociation peut être illustrée de diverses manières (fig. 11 et 12 tirées de [45], respectivement p. 24 et 57).

On voit dans la figure 11 qu'à partir des multiples niveaux de communication utilisés par le thérapeute (A), se manifeste petit à petit une différenciation entre un niveau conscient (B) qui reste en position d'observateur face à un niveau inconscient (C) où se construisent les réponses hypnotiques involontaires et autonomes (voir chap. 6, 7 et 8).

L'orientation à la réalité du sujet (A) se trouve prise dans le processus de dissociation entre une partie consciente (B) et une autre partie inconsciente (C). Comme résultante de la succession d'une phase de dissociation et d'une phase de réassociation, l'expérience subjective du sujet, et son orientation à la réalité, peuvent être modifiées. C'est ici qu'interviennent les prescriptions post-hypnotiques et les tâches (D) qui

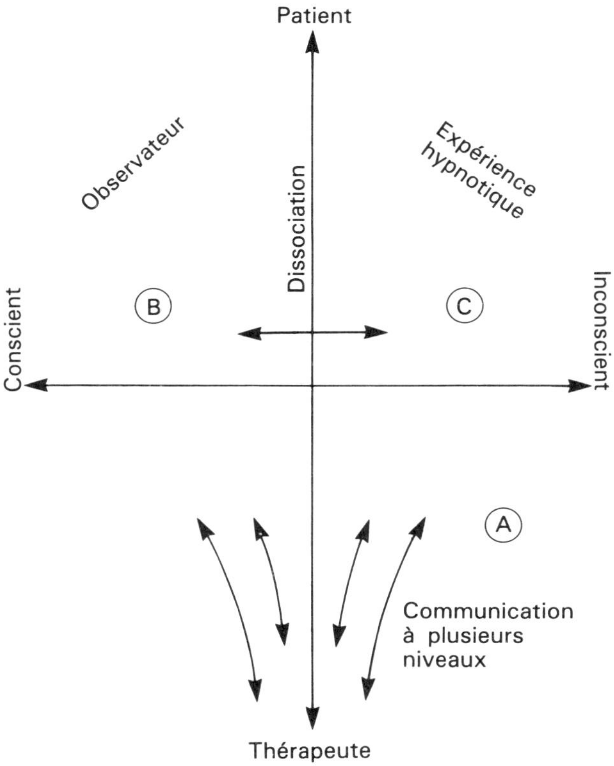

Figure 11

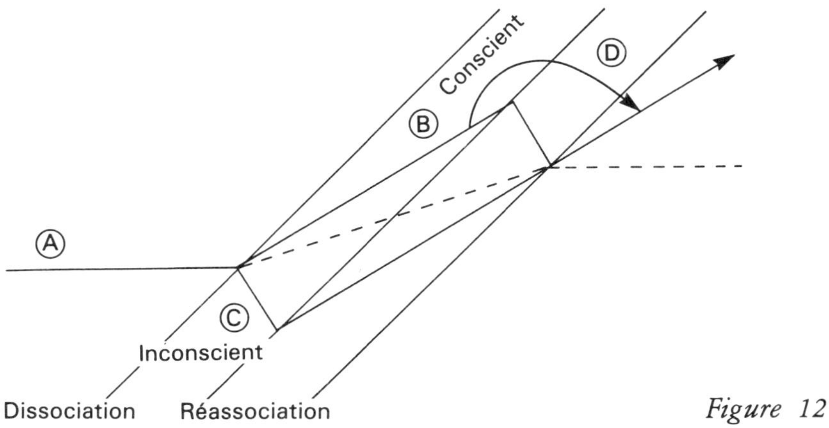

Figure 12

renforcent ce processus et font qu'il se prolonge au-delà de la séance. Loin de correspondre simplement au sommeil, le processus hypnotique est beaucoup plus complexe. Tout se passe comme si le sujet est à la fois conscient, vigilant, c'est-à-dire observateur de certains faits, en même temps que ces faits lui échappent et sont donc qualifiés d'inconscients ou d'involontaires. Les éléments qu'il observe, considérés comme spécifiques du processus hypnotique, restent en grande partie éloignés de son contrôle et de sa volonté. Le sujet est donc partagé entre une partie de lui-même qui reste parfaitement vigilante, observatrice et impuissante (mais amusée et intéressée), face à des phénomènes qui restent hors de portée, mais immédiatement « vécus ». Ainsi, devant son bras en catalepsie, le sujet a le sentiment qu'il peut, à chaque instant, « abolir » ce phénomène en même temps qu'il n'en a pas envie.

L'état de dissociation ainsi décrit correspond à ce qu'on pourrait appeler la dissociation de base, celle qui concerne une séparation tout à fait artificielle entre le conscient et l'inconscient du sujet. Les autres niveaux de dissociation qui, habituellement, dérivent de la première peuvent, je l'ai déjà mentionné, être établis par le thérapeute ou se manifester spontanément entre le sujet et son corps, le bras et le reste du corps (voir la catalepsie du bras), et d'une manière générale entre ce qui est directement concerné par l'expérience hypnotique et le reste du corps ou de la personnalité. Autrement dit, la dissociation princeps (conscient/inconscient) ouvre la voie, pour le thérapeute et le patient, à d'autres niveaux de dissociation dont l'utilité se manifeste dans la stratégie que le thérapeute met en place au cours de la séance d'hypnose.

La vigilance

La vigilance fait partie de l'expérience hypnotique car elle est incluse dans le processus de dissociation. Elle a cependant une tonalité particulière car elle « flotte », comme je viens de le mentionner, entre ce qui peut ressembler, pour le sujet, à l'envie d'intervenir dans le processus qui se déroule, et un certain détachement qui lui permet à chaque instant de prendre un certain recul vis-à-vis de ce même processus. Il s'agit en quelque sorte d'une vigilance pacifique, qui ne cherche pas à interférer dans le processus observé. Le sujet constate un certain nombre de faits, avec curiosité et intérêt, sans engager entièrement son appareil critique et surtout sans prendre les décisions qui pourraient interférer avec ces phénomènes. Il me faut ajouter ici que cette vigilance déçoit bien des patients qui espéraient trouver dans l'hypnose un « état second », où leurs problèmes pourraient se résoudre d'eux-mêmes, sans qu'ils aient à intervenir.

Le littéralisme

Il s'agit là incontestablement d'une composante à la fois très utile pour le thérapeute mais qui risque également de lui jouer bien des tours. Ce littéralisme correspond à la capacité extrêmement développée que montre le sujet à recevoir et à répondre aux messages qui lui sont adressés selon leur sens le plus immédiat. Autrement dit, il « comprend » au pied de la lettre et réagit en conséquence ([21], p. 91 et suiv.). Cette caractéristique est importante pour le thérapeute, car elle l'oblige à adresser au sujet des messages clairs et précis. De ce fait, les énoncés du thérapeute ne doivent comporter que des termes communs et simples. Le thérapeute doit ainsi être, à chaque instant, dans chaque interaction, extrêmement précis aussi bien en ce qui concerne le contenu des mots qu'il utilise que dans la forme de son expression. Cela explique l'importance de la communication hypnotique étudiée au chapitre 3. Quant au thérapeute, il ne peut espérer de la part du sujet que des prises de position et des réponses simples. Le littéralisme ici mentionné peut être également compris comme une redéfinition du rétrécissement de la conscience décrit par P. Janet à propos de l'hystérique ([34], p. 28).

L'économie et la paresse

Comme un corollaire au littéralisme, l'immobilité du sujet est remarquable. Tout se passe comme s'il obéissait à un sentiment de paresse qui est à la mesure non pas de la profondeur de la transe mais de l'immédiateté de l'expérience de dissociation. Le sujet obéit alors à un principe d'économie aussi bien au niveau musculaire qu'au niveau psychique. D'un point de vue musculaire, par exemple au niveau du visage, le sujet utilise très peu de muscles. S'il lui arrive de sourire, le thérapeute peut tout à fait avoir l'impression qu'il s'adresse à lui-même ce sourire, sans se soucier des réactions de son entourage. Un autre corollaire de cette paresse réside dans le fait que, très fréquemment, le sujet attend la « permission » du thérapeute pour mobiliser telle ou telle partie de son corps. Il ne prend pas, par exemple, l'initiative de mobiliser son cou pour placer éventuellement sa tête dans une position plus confortable. Psychiquement, cette économie est également la règle ; cependant, cela ne signifie pas pour autant que le sujet ne pense rien, il a alors plutôt une vision synthétique et analogique des phénomènes. Son esprit vagabonde en suivant la pente la plus facile, celle de la libre association des idées et des sensations.

L'immédiateté des émotions

Les réactions émotionnelles d'un sujet en état de transe hypnotique peuvent être à la fois brutales et spectaculaires. Cette immédiateté de la vie émotionnelle donne l'impression qu'il n'y a pas ici d'état intermédiaire entre la « neutralité affective » et l'apparition des émotions. Je précise d'emblée que cette immédiateté des émotions ne concerne pas les phénomènes spécifiques de l'hypnose. Lorsque le bras du sujet est en catalepsie et qu'il peut avoir l'impression que ce bras se détache de lui, le sujet ne va pas en montrer d'inquiétude car il reste observateur de ce processus. Il en est de même pour tout ce qui concerne les phénomènes hypnotiques. L'immédiateté des émotions concerne essentiellement les souvenirs du sujet, qu'il peut très facilement retrouver dans l'expérience hypnotique. C'est précisément cette proximité de la vie émotionnelle qui fait de l'hypnose un outil thérapeutique précieux, car le patient peut y trouver la possibilité, grâce à la dissociation entre le souvenir et l'affect, ou entre l'affect et son expérience immédiate d'une situation, de mieux apprendre à contrôler sa vie émotionnelle. Cette caractéristique du vécu subjectif du sujet sera de nouveau mentionnée à propos de la régression en âge.

La proximité du thérapeute

C'est peu dire que d'affirmer que le thérapeute et son patient vivent, dans le contexte de l'hypnose formelle, une situation très spécifique. A tel point que, très fréquemment, cette technique a été rejetée, voire condamnée. On sait que Freud, dans le risque d'expression d'un transfert trop immédiat et trop massif qu'il y a perçu, a motivé en partie son abandon de ces techniques. Comme toute forme de thérapie, l'hypnose comporte une donnée instrumentale et une donnée contextuelle.

La donnée instrumentale — et elle doit le rester — est que l'hypnose correspond à un ensemble de techniques que le thérapeute emploie dans un contexte thérapeutique défini, à partir d'une demande et selon des finalités précises et négociées entre les deux protagonistes. A la base du processus thérapeutique se situe la dissociation qui aménage à chaque instant, pour le sujet, la vigilance et la présence où il trouve le crédit de son propre cheminement vis-à-vis de sa situation. La donnée contextuelle veut que tout acte thérapeutique s'organise également à partir des multiples éléments qui constituent les personnalités du sujet et de son thérapeute. La validité des techniques thérapeutiques dépend essentiellement de la personnalité et de l'honnêteté du thérapeute. Autrement dit, on ne peut jamais faire l'économie d'une vision et d'une analyse éthique de quelque relation thérapeutique que ce soit. Ce qui importe est ce que le sujet trouve pour lui-même un espace de liberté que le processus hypnotique procure, encore une fois, grâce à la dissociation. Dans cet espace il est seul car, pour reprendre les énoncés de Milton H. Erickson, il ne peut y rencontrer que ses propres ressources, que les solutions qu'ils possèdent déjà tout en les ignorant jusque-là.

La proximité du thérapeute est donc nécessaire, car instrumentale, mais elle ne doit être utilisée par le thérapeute, quel que soit le contexte des personnalités, que pour créditer les capacités d'apprentissage que montre le sujet. Ainsi « idéalement » conduites, les interactions contemporaines du processus hypnotique ne perdent ni en universalité ni en personnalisation.

L'expérience subjective du thérapeute

En regard de l'expérience subjective du sujet, l'expérience subjective du thérapeute s'ordonne selon des données qui s'en approchent sur bien des points.

La pluralité des niveaux de communication

Une des principales caractéristiques de la communication hypnotique est qu'elle se déroule sur plusieurs niveaux. Le thérapeute adresse simultanément, à son sujet, plusieurs messages, plusieurs éléments de communication. Il reste fondamentalement un pourvoyeur de contextes, c'est-à-dire celui qui permet au sujet de se trouver confronté à la multicontextualité des informations qu'il trouve dans le discours du thérapeute. Ces niveaux de communication sont aussi bien verbaux que non verbaux, conscients qu'inconscients, immédiats ou métaphoriques. Le thérapeute peut avoir le sentiment de jeter de nombreuses bouteilles à la mer en restant persuadé qu'au moins l'une d'entre elles parviendra à son destinataire.

Le processus hypnotique

Lorsque le thérapeute engage le sujet dans le processus hypnotique, il ne peut éviter de l'accompagner sur le même chemin. Autrement dit, il est lui-même engagé dans un processus hypnotique. Le thérapeute reste en effet le plus souvent immobile, à l'écoute de sa propre voix avec son caractère monocorde ; il reste extrêmement concentré sur les réactions et les prises de position du sujet. Tout cela fait qu'il se focalise de plus en plus sur l'immédiateté de l'interaction pour entrer dans un processus qu'on peut qualifier lui-même d'hypnotique. Il peut arriver, par exemple, qu'un thérapeute qui cherche à induire une lévitation de la main (voir chap. 6), voit sa propre main se lever d'elle-même.

La dissociation du thérapeute

De la même manière que le sujet est dissocié entre une partie de lui-même qui observe l'expérience hypnotique et une autre qui en est l'acteur, le thérapeute se vit comme étant à la fois agissant dans cette même relation et observateur de cette interaction. Il devient doué du don d'ubiquité, à la fois dans l'« ici et maintenant » ([5], voir ce terme) de la séance mais également dans un ailleurs où il peut prendre le recul suffisant et trouver une vision synthétique de la thérapie en cours. Le thérapeute peut ainsi constamment et rapidement passer de l'une à l'autre position, du dedans au dehors de la séance et, inversement, dans un va-et-vient où il se dissocie lui-même à la fois acteur et observateur de l'interaction thérapeutique.

La proximité du patient

C'est une évidence de mentionner cette proximité puisqu'elle a déjà été mentionnée à propos du patient. Pour le thérapeute, elle signifie cependant qu'il est lui-même un instrument de travail dans la thérapie. C'est ce que Bateson appelait la « science réflexive » ([4], p. 291), c'est-à-dire que le psychothérapeute n'est pas seulement dans la situation de vérifier ou d'appliquer une théorie mais il participe également, à la fois activement et passivement, à la thérapie. En ce sens, l'hypnose, quelles que soient les techniques qui la sous-tendent, pose sans cesse la question de la relation et non pas seulement celle de la théorie.

La créativité

Jusqu'à ce point, la comparaison entre le vécu subjectif du sujet et celui du thérapeute peut donner à penser que leurs positions sont rigoureusement symétriques. C'est perdre de vue que le premier est en situation de demande (dans le meilleur des cas) et que le second est en situation de pouvoir aider (dans le cas le plus général). Une des manières de structurer une dissymétrie entre ces deux cheminements est de créditer le thérapeute d'une créativité plus développée que celle de son patient, et c'est même ce qui fait qu'il est peut-être psychothérapeute, mais c'est sûrement ce qui fait qu'on « est patient », c'est-à-dire incapable de trouver soi-même une solution satisfaisante à un problème. Il m'a toujours paru évident que le thérapeute peut paradoxalement trouver dans le processus hypnotique qu'il induit pour son patient ce surcroît de créativité. Le thérapeute met temporairement au service de son patient sa propre créativité. Il paraît évident à tous ceux qui l'ont connu et à ceux qui connaissent ses thérapies qu'Erickson montrait une grande inventivité dans la conduite de son travail. J'ajouterai que l'activité créatrice, à partir des constatations de ceux qui en sont familiers, comme les artistes, semble être contemporaine d'un processus de dissociation entre une activité spontanée (l'idée qui surgit), involontaire et insoumise au double lien de la spontanéité requise, et une vigilance de chaque instant qui « recueille » l'idée en tant que telle. Il ne suffit pas d'avoir des bonnes idées, il faut également s'en apercevoir ! De même, de nombreux artistes ne sont vraiment créateurs que lorsqu'ils sont soumis à des contraintes qui probablement aiguisent suffisamment leur angoisse et leur créativité sans pour autant les paralyser. Enfin, le vécu des personnes recherchant, dans l'expérience des caissons d'isolation sensorielle, la détente, le ressourcement et de nouvelles potentialités, me semble se rapprocher sensiblement des expériences d'hypnose.

Toutes choses qui font que la situation hypnotique permet probablement au thérapeute de mieux trouver les idées dont il a besoin pour introduire le changement dans le vécu subjectif de son patient.

Questions naïves

Le sujet peut-il rire au cours d'une séance ?

Les aspects émotionnels de la vie du sujet, comme je l'ai déjà mentionné, restent très immédiats au cours de la séance. Aussi est-il tout à fait envisageable que ce sujet se mette à rire... ou à pleurer. Ce qui importe est que la qualité de la rétroaction soit suffisamment bonne pour que le thérapeute reste en contact avec son patient de façon à ce que l'expérience soit également un accompagnement. De plus, le rire du sujet ne lui occasionne aucune gêne, ce qui n'est pas toujours le cas pour le thérapeute. Il peut ainsi arriver que le sujet sourit, ou rigole, pour lui-même devant tel ou tel aspect de son expérience.

Que faire lorsque le sujet sort brutalement de sa transe ?

Il arrive parfois que certains sujets sortent, de façon intempestive et brutale, du processus hypnotique. Cela peut être le cas lorsqu'une analgésie par l'hypnose a été induite, même pour des interventions chirurgicales importantes comme une césarienne ou une extraction dentaire. Dans l'immédiat, le thérapeute, sans s'en inquiéter outre mesure, peut simplement énoncer :

— « ... voilà, c'est bien... peut-être avez-vous eu envie de vérifier certaines choses... et maintenant que vous les avez vérifiées... vous pouvez... à votre rythme... voilà, c'est bien... retourner là où vous étiez... »

Ce n'est qu'ultérieurement, au décours du réveil, que le thérapeute peut essayer de reprendre ce qui s'est passé précédemment. Généralement, le sujet n'en a aucun souvenir ou cet épisode ne l'a pas spécialement marqué.

La situation peut-elle s'inverser ?

Il n'est pas impossible, en effet, d'imaginer qu'un patient développe des compétences qui lui permettent d'« hypnotiser » son thérapeute. Il arrive fréquemment que ce dernier éprouve quelques difficultés à obtenir les résultats escomptés. Cela en revient à la situation que j'ai déjà décrite, où le patient manifeste sa résistance, et où le thérapeute montre ses capacités de collaboration. Cette situation se renverse après avoir été symétrisée par le patient. Ce type de situation s'observe également très souvent dans les groupes de formation à la pratique de l'hypnose où les étudiants ne montrent pas toujours leur capacité à accepter d'être sujet.

Le thérapeute risque-t-il de s'endormir au cours de la séance ?

La seule réponse qui me paraisse possible renvoie à la question précédente. En ce cas, il ne s'agit pas d'un sommeil physiologique mais d'une belle manœuvre du patient.

En quoi la dissociation facilite-t-elle l'apprentissage ?

Le processus d'apprentissage ne peut être détaché ni du contexte dans lequel il se développe, ni des finalités qui lui sont, plus ou moins clairement, attribuées. Un nouvel apprentissage correspond à la maîtrise d'un nouveau contexte. Dans l'expérience d'observateur/observé, l'apprenant trouve rassemblés tous ces éléments.

La dissociation permet au patient moins une compréhension de son problème, qu'un « presque-agir » qui lui ouvre les portes d'alternatives nouvelles. En cela la dissociation est essentiellement la « mise en action », entre le simulacre et la réalité, qui permet au sujet d'anticiper très immédiatement l'utilisation de ces apprentissages et de recadrer sa propre situation.

5

LES ASPECTS COURANTS DE LA PRATIQUE DE L'HYPNOSE

Les techniques d'hypnose peuvent paraître relativement simples à appliquer telles qu'elles ont été exposées jusqu'à présent dans cet ouvrage. Je n'ai pu tenir compte de la diversité des situations en jeu. Certaines d'entre elles vont être maintenant abordées au travers de quelques-unes de leurs spécificités.

La présence du symptôme

Dans une situation clinique, le thérapeute se trouve confronté avec un sujet, le patient, dont l'orientation à la réalité se détermine presque exclusivement à partir de son symptôme et de la souffrance qui s'y trouve attachée. C'est ce qui motive la démarche du patient, même si cette démarche exige d'être constamment retravaillée pour en faire une véritable demande. Mais l'existence de ce symptôme introduit pour le thérapeute, utilisant des techniques d'hypnose, des particularités qui entraînent certaines difficultés que je vais aborder maintenant.

Les difficultés spécifiques

La perturbation de l'orientation sensorielle

L'orientation à la réalité du patient, par le fait qu'elle se focalise sur le symptôme, perturbe toute sa vie sensorielle. Chaque symptôme porte en effet en lui-même des particularités sensorielles (froideur, chaleur, lourdeur, etc.) qui peuvent complètement bouleverser le patient. L'orientation sensorielle correspondant au symptôme perturbe ses orientations sensorielles habituelles et ne peuvent, par conséquent, que compliquer la tâche du thérapeute. Un patient qui souffre d'une maladie de peau va, par exemple, orienter de manière inconsciente ses contacts avec le monde extérieur et avec d'autres personnes, de façon à préserver telle ou telle partie de son corps.

La perturbation cognitive

Toute l'activité cognitive du sujet, ce qu'il a à connaître du monde qui l'environne, mais également de son monde intérieur, se focalise autour de son symptôme. Suivant la connaissance qu'il a, ou qu'il croit avoir de ce symptôme, il va plus ou moins accepter d'autres informations, un autre savoir qui s'y rapporte. Cela influencera sensiblement le rapport qui se construit avec le thérapeute et, *a fortiori*, avec des thérapeutes successifs. Un sujet qui souffre d'obsessions confrontera immédiatement à celles qu'il connaît déjà les stratégies, même implicites, du thérapeute face à ses symptômes.

Les troubles spatio-temporaux

Tout symptôme a un rythme, une inscription dans le temps. Il en est de même pour cette orientation temporelle que pour l'orientation sensorielle du patient. Elles conditionnent toutes deux son rapport au monde environnant et donc le déroulement de la thérapie. Ainsi, certains patients réagissent de façon sensiblement différente à des séances qui se déroulent à des moments différents de la journée.

Les stratégies spécifiques

L'utilisation du doute

Le doute fait partie de la réalité immédiate de la plupart des patients : doutes en ce qui concerne leur symptôme (ancienneté, gravité, devenir...), leur(s) thérapie(s), leur(s) thérapeute(s) (capacités, efficacité, réussite...). Chez l'obsessionnel, à l'évidence, il s'agit là d'un problème essentiel. Le thérapeute doit se montrer capable d'utiliser la capacité que peut avoir un patient de développer facilement des doutes :

T. — Etes-vous sûr de vous laver les mains plus facilement le matin que l'après-midi ?
P. — ???
T. — Vous n'êtes pas très sûr.
P. — Je ne me suis jamais posé la question.
T. — Vous ne vous êtes jamais posé la question. Vous êtes sûr.
P. — Oui... je crois.
T. — Mais vous êtes sûr de vous laver les mains très souvent le matin ?
P. — Oui... je crois...

En l'occurrence, il s'agit d'amener le patient à développer des doutes sur l'existence ou l'importance de son symptôme.

La composante obsessionnelle du travail thérapeutique

En regard des doutes et des obsessions du patient, le thérapeute peut lui-même opposer le caractère obsessif, répétitif et précis de son travail. Les techniques d'hypnose décrites dans cet ouvrage sont une illustration de la précision des outils dont peut disposer un thérapeute. Ce dernier ne doit pas craindre la répétition et l'obsessionnalisation de ses prises de position. Tout patient a besoin de certitudes en même temps qu'il a besoin, et envie, d'apprendre. Il a donc besoin d'avoir en face de lui un thérapeute qui soit également un technicien dont les prescriptions, précises et répétées, vont être autant de points de repères solides dans le désarroi où il se trouve plongé.

Les compétences relationnelles du patient

Bien loin de considérer que le patient est démuni et « invalide » en ce qui concerne ses compétences relationnelles, il me semble toujours fructueux de considérer que ce même patient possède, comme n'importe qui, ces compétences. Cependant, il les utilise essentiellement pour introduire une plus grande cohérence encore entre son orientation à la réalité, à partir de son symptôme et de tout ce qui en découle, et son environnement. Autrement dit, il se montre porteur de symptôme, ce qui ne nie en rien la réalité de sa souffrance, pour orienter également la réalité d'autrui à partir de ce même symptôme. Il s'agit là d'une vision essentiellement interactionnelle de la relation thérapeutique où le patient montre, dans une certaine mesure et paradoxalement, une grande compétence relationnelle dont le thérapeute doit pouvoir se servir. Le thérapeute doit, en effet, sans cesse recadrer positivement ce dont le patient se montre habituellement capable, c'est-à-dire reconduire le même type d'interaction avec son entourage. Ainsi, par exemple, un échec scolaire reste un échec tant qu'on ne se donne pas la peine de considérer qu'il s'agit également d'une « réussite », en termes d'interactions : « Comment l'élève est-il parvenu à persuader son entourage qu'il n'était pas capable de réussir ? »

L'importance de l'action par rapport à la compréhension

Je suis toujours très frappé de constater comme chaque patient apprécie le fait qu'un thérapeute puisse lui demander d'agir, c'est-à-dire de faire autre chose que d'essayer de mieux comprendre sa propre situation. Les approches thérapeutiques correspondant à l'hypnose éricksonienne, et celles qui en dérivent, se caractérisent par la prépondérance de l'action sur l'explication. L'axiome qui sous-tend cette prise de position veut qu'un changement est plus sûrement acquis de cette manière. Il s'agit de mettre en scène, dans un contexte très spécifique, qui est le processus hypnotique, une situation de souffrance afin d'y introduire une possibilité de changement évolutif. Ce changement peut ensuite être repris et amplifié grâce aux prescriptions que peut donner le thérapeute [45].

Parfois, l'induction rapide

Dans certaines situations, il importe, ou il est intéressant, pour le thérapeute de pouvoir rapidement induire un processus hypnotique chez son sujet. C'est le cas, notamment, lorsque ce dernier se montre trop résistant ou lorsqu'il s'agit de la énième séance avec le même patient. Il n'en reste pas moins que cela ne peut être fait, là comme ailleurs, qu'avec son plein accord et dans un contexte qui le permette.

L'importance des expériences précédentes

Dans la mesure où le sujet a déjà connu l'expérience hypnotique, il pourra beaucoup plus facilement la reconstruire. Le thérapeute peut alors resituer très rapidement le sujet dans les conditions et l'environnement correspondant aux séances précédentes. Cela peut être fait de multiples manières par le simple rappel de certaines sensations (la lumière, le siège...), ou par la réactualisation des éléments d'une séance précédente.

La saturation et la proximité de l'accompagnement

Laissant de côté la stratégie qu'il développe habituellement, le thérapeute ne respectera ici aucune pause.

La saturation de la conscience du sujet

A cette fin, le thérapeute submerge le sujet d'informations que ce dernier ne peut éviter d'intégrer. Il ne lui laisse pas le temps d'y répondre consciemment :

« ... et vous pouvez, à un moment ou à un autre, retrouver dans la situation où vous êtes actuellement, certaines des sensations que votre inconscient vous a déjà permis de découvrir, et c'est tellement agréable de les retrouver ; voilà, c'est bien, c'est très bien, et en même temps que vous retrouvez ces sensations, vos paupières peuvent s'alourdir sans que vous ayez besoin d'y penser ; voilà, c'est bien... ».

La rapidité des ratifications

Cette saturation s'accompagne d'une très grande proximité du thérapeute dans la ratification des prises de position du sujet. En même temps qu'il sature le sujet de suggestions, le thérapeute ratifie immédiatement chaque geste, chaque élément non verbal, chaque attitude du sujet. Il marque de cette manière un accompagnement extrêmement serré.

La surprise et la confusion

Plus les techniques utilisées par le thérapeute confusionnent et surprennent le sujet, plus rapidement ce dernier perdra ses repères immédiats. Lorsque ces repères sont perdus, le sujet a tendance à accepter plus facilement ceux que le thérapeute propose.

L'importance du toucher

Le fait que le thérapeute touche le sujet peut servir plusieurs finalités.

Le toucher focalise l'attention du sujet

Ainsi lorsqu'il touche la main du sujet, ou son épaule, ou toute autre partie de son corps (à l'évidence dans les limites des convenances sociales), le thérapeute l'amène à porter son attention sur l'éventuelle signification de ce contact. Ce contact court-circuite l'étape de l'induction qui consiste à focaliser l'attention du sujet sur un élément sensoriel.

Ce contact peut constituer une surprise pour le sujet

Comme nous le verrons plus précisément à propos de la catalepsie du bras, le contact physique du thérapeute avec son sujet est habituellement entouré de certaines précautions. Ces contacts peuvent à l'évidence constituer un élément qui peut être vécu comme une intrusion par le patient. En l'absence de ces précautions, *a contrario*, ce même contact peut en lui-même constituer un élément de surprise et donc amplifier les autres effets.

Un objectif clair rapidement atteint

Lorsque le thérapeute se fixe un objectif clair qu'il atteint rapidement, il ratifie pour lui-même, et pour son sujet, la validité de sa technique. Aussi est-il important, par exemple, de se donner comme but d'induire rapidement une catalepsie du bras. Dans ce cas, le thérapeute saisit immédiatement le poignet du sujet tout en utilisant les techniques précédemment décrites.

Les sujets résistants

En même temps qu'ils constituent un défi pour le thérapeute, les sujets résistants, ou ceux qui se présentent comme tels, lui donnent la possibilité d'affiner ses techniques.

En quoi un sujet est-il résistant ?

Un sujet résistant n'est pas nécessairement opposant. La coopération peut être une forme de résistance. On peut considérer qu'un sujet est résistant lorsqu'il manipule mieux que le thérapeute la position basse, c'est-à-dire lorsqu'il oblige le thérapeute à réagir à ses propres prises de position sans lui laisser l'initiative des interactions. On pourrait dire également que, lorsqu'il résiste, le patient parvient à symétriser la relation, c'est-à-dire à placer le thérapeute dans une position haute et la thérapie dans une logique linéaire (cf. tableau de la figure 5). Généralement, ce type de comportement induit chez le thérapeute un certain agacement sans qu'il soit toujours en mesure d'en reconnaître l'origine. Dans d'autres cas, la résistance du sujet se manifeste par le fait que c'est plutôt l'opérateur qui se trouve en situation d'être hypnotisé. Il arrive parfois qu'il s'en aperçoit un peu tard comme je l'ai déjà mentionné.

La position du thérapeute envers la résistance

Il est toujours préférable pour le thérapeute d'accepter cette résistance non pas simplement, voire naïvement, comme un élément positif, mais plutôt comme ce que le sujet lui montre pour tenter de rendre caduque sa démarche. Le sujet tente ainsi de décourager le thérapeute, mais il se sert pour cela de ses capacités relationnelles afin de s'assurer une position de non-changement, c'est-à-dire une persistance de l'homéostasie. Le thérapeute, dans ce type de situation, a besoin de savoir métacommuniquer la manœuvre du patient : « Est-ce que vous ne seriez pas en train d'essayer de me décourager ? »

Les techniques de travail avec la résistance

La démarche du thérapeute peut être la suivante ([45], p. 59) :
— accepter la résistance ;
— utiliser la résitance ;
— prescrire la résistance ;
— prescrire la résistance au thérapeute.

L'acceptation de la résistance

Accepter la résistance, c'est accepter le patient en ce qu'il manifeste avec ses propres capacités une résistance au changement. Cette résistance ne s'adresse pas au thérapeute en tant qu'individu mais en tant que représentant ou symbole d'un danger de changement. Encore une fois, cette résistance correspond à la capacité que peut développer le patient pour construire une stratégie face à ce risque de changement.

L'utilisation de la résistance

La résistance est d'abord simplement ce que « montre » le patient ; en ce sens, elle doit être utilisée par le thérapeute qui doit éviter de rejeter ou de ne pas tenir compte de tout ce qui se présente comme un élément de résistance. Par exemple, si le sujet « refuse » visiblement de fermer les paupières, le thérapeute doit simplement ratifier cette prise de position :

« ... et vous pouvez avoir envie de ne pas accepter cette lourdeur dans vos paupières... et c'est tellement important de pouvoir montrer l'envie qu'on peut avoir de refuser... telle ou telle situation... ».

La prescription de la résistance

Au-delà de l'utilisation de la résistance, le thérapeute doit constamment s'aménager la possibilité de la prescrire. Le patient est comme tout un chacun ; il a, malgré tout et même souvent contrairement aux apparences, envie d'avoir raison surtout « contre » son thérapeute. En l'occurrence, sa meilleure façon d'avoir raison contre son thérapeute est de ne pas suivre sa prescription et donc d'abandonner sa résistance « primitive » en résistant à la seconde proposition du thérapeute. Dans l'exemple de la fermeture des paupières, lorsque le sujet s'est montré réticent aux premières suggestions du thérapeute, ce dernier peut donc proposer :

« ... et j'aimerais maintenant vous demander de ne pas fermer vos paupières... et de rester parfaitement vigilant... simplement attentif à ce que je peux vous proposer... ».

La prescription de la résistance au thérapeute

Stade ultime de ce travail avec la résistance du sujet, le thérapeute peut construire, en la prescrivant, la résistance du patient envers lui-même. La meilleure façon est de demander au patient de se mettre en colère, s'il le souhaite, contre son thérapeute. Il ne s'agit pas tant de mettre une distance entre le thérapeute et son patient que de permettre à ce dernier de résister aux menaces de changement que le thérapeute ne peut éviter de représenter. Comme toujours dans un tel type de prescription, qu'elle soit ou non suivie d'effets, elle reste parfaitement valide car le patient ne peut y rester indifférent.

L'implication d'un tiers dans la relation

Définition

Dans certains cas, le thérapeute va être amené à utiliser une ou plusieurs autres personnes pour, en fait, induire un processus hypnotique chez une autre personne. Cela rejoint tout à fait le problème des situations de couple ou des situations familiales [48] où le thérapeute développe des stratégies de changement et où l'indirectivité de son approche lui permet de multiplier ses niveaux d'intervention. Ce type de travail peut se concevoir dans un contexte de démonstration ou dans un contexte clinique particulier où se trouvent réunies à la fois la résistance manifeste du sujet et sa demande de séance d'hypnose.

Les techniques

Dans ce travail indirect, il s'agit d'opérer « officiellement » avec une personne (appelée ici « sujet »), qui peut éventuellement entrer dans un processus hypnotique, tout en permettant à une autre personne (appelée ici « patient »), de « profiter » indirectement de la séance. Cela demande la mise en place de certains éléments :

— l'explication de la procédure, à savoir que le thérapeute propose de travailler avec une autre personne que le patient pour des raisons qui dépendent de l'utilité clinique de cette procédure ;

— le patient doit pouvoir s'identifier au sujet avec lequel travaille le thérapeute. A cette fin, le thérapeute multiplie les indices qui lui permettent de se projeter dans la situation que vit ce sujet. Le thérapeute peut ainsi indirectement faire référence à sa manière de s'habiller, à la couleur de sa voiture, etc. ;

— le travail avec le sujet doit rester suffisamment vague pour faciliter cette identification ;

— le thérapeute doit également donner au patient la possibilité de « résister » à cette identification en lui demandant de ne surtout pas entrer en transe ;

— l'ensemble de la procédure doit garder une composante relationnelle, car il s'agit bien souvent, nous le verrons, de travailler aussi bien au niveau de l'individu qu'au niveau de la relation.

Utilisation clinique

Travailler avec la résistance du patient et/ou de son entourage

Avec cette technique, il peut s'agir souvent de persuader le patient et/ou son entourage de la validité de l'hypnose. Aussi, le thérapeute sera amené à développer cette stratégie dans des cas très divers. On peut, en effet, imaginer les deux configurations suivantes :

— lorsque le patient a toutes les chances de se montrer résistant à l'hypnose, l'intervention du thérapeute auprès d'une tierce personne peut « démobiliser » cette résistance ;

— lorsque l'entourage du patient, ou l'une des personnes composant l'entourage du patient, est très méfiant ou manifeste des doutes quant à la validité ou l'utilité de l'hypnose, le thérapeute a la possibilité de travailler avec une de ces personnes pour lever ces craintes tout en mettant en place une première intervention sur le contexte du patient.

Renforcer la coopération et la confiance de l'entourage du patient

Sans qu'il soit nécessairement question de résistance, au sens où cela a été défini plus haut, il est quelquefois utile que la coopération et la confiance de l'entourage du patient soient renforcées. L'hypnose est une technique thérapeutique qui reste entourée de mystère. Elle n'est pas accessible aussi facilement que d'autres types d'intervention. Le patient ne doit pas être le seul à en faire l'expérience.

Le travail avec les couples et/ou les familles

Chaque fois que la symptomatologie ou la dynamique spécifique du patient et de son entourage l'y encouragent, le thérapeute va pouvoir utiliser l'hypnose indirecte. Cela est particulièrement vrai pour des couples où le symptôme intervient immédiatement dans la dynamique de ce couple. Il s'agit de travailler alors indirectement avec les trois termes de ce couple.

Exemple clinique

Je me placerai dans l'hypothèse où un homme fait une demande de thérapie par l'hypnose pour un problème d'alcoolisme. Ce qui paraît d'emblée nécessaire est la présence de son épouse, au moins au premier entretien. Il est, en effet, difficile de ne pas tenir compte de l'aspect relationnel de l'alcoolisme ; par ailleurs, le problème de la confiance est très important dans ce type de symptomatologie. Cette première séance se déroule comme suit :

— anamnèse de la situation du patient par rapport à son symptôme et analyse des relations dans le couple ;

— mise en évidence du découragement de l'épouse face aux multiples essais thérapeutiques et aux incessantes rechutes de son mari ;

— mise en évidence de l'impossibilité qu'a eu ce couple à avoir des enfants. Utilité de l'alcoolisme face à la dépression possible de l'épouse ;

— travail d'hypnose avec cette femme pour assurer sa collaboration dans la thérapie, augmenter sa confiance en elle-même (remise en question par son impossibilité d'être mère), ce qui ne peut qu'augmenter sa confiance en la thérapie et en la volonté de son mari.

Le travail avec les enfants

Les spécificités

Le travail avec les enfants trouve ses spécificités dans les faits et les orientations suivants.

Le problème du vocabulaire

Les enfants, devant le mot « hypnose », ont une réaction différente de celle de l'adulte. Il s'agit généralement d'une notion qui leur est soit tout à fait étrangère, soit porteuse de mystère ou de magie. Leur culture à ce sujet renvoie à des bandes dessinées ou à des spectacles de télévision.

Le problème de la demande

D'une manière habituelle, la demande de thérapie, et ce qu'ils peuvent en attendre, ou ne pas en attendre, ne correspond pas immédiatement à leur volonté mais à celle des parents ou à celle d'un des deux parents, ce qui constitue une situation encore plus difficile à gérer.

La notion de souffrance

Pour les enfants, la notion de souffrance a une signification et des connotations tout à fait spécifiques qui ne sont pas celles des adultes. De plus, les enfants y trouvent souvent une maturité tout à fait remarquable.

La spécificité des problèmes

Plus que pour l'adulte, la demande de thérapie, au sujet d'un enfant, tournera autour des problèmes qui peuvent se poser la nuit (énurésie, insomnie, cauchemars, asthme, phobies nocturnes). Cela provient de l'idée que l'hypnose s'apparente au sommeil.

La concentration de l'enfant

La possibilité et la manière qu'a un enfant de se concentrer sur une sensation et, *a fortiori* sur une idée, sont différentes de celle de l'adulte.

Les mouvements de l'enfant

Un enfant a, bien plus que l'adulte, constamment besoin de bouger et de se déplacer. On ne peut pas attendre de lui qu'il s'immobilise comme un adulte et aussi longtemps qu'un adulte.

Tout cela fait que, là plus qu'ailleurs, ce qu'un observateur extérieur peut considérer être un processus hypnotique, dépendra de chaque enfant dans la mesure où son orientation à la réalité diffère sensiblement de celle d'un adulte.

Les techniques

D'une manière générale, les techniques que le thérapeute va utiliser avec un enfant seront plus sensorielles qu'intellectuelles. Autrement dit, elles prendront immédiatement leur source dans les expériences sensorielles de l'enfant. L'enfant aime et a besoin de rêver et de se déplacer constamment dans le temps et dans l'espace. Ainsi le thérapeute va donc, avec lui, plus facilement utiliser les mêmes « techniques » que celles qu'un enfant emploie avec un autre enfant ou celles que les parents apprennent à utiliser avec leurs enfants. Ce qui caractérise les négociations que conduit l'enfant avec l'adulte est qu'elles sont fondées sur des techniques indirectes, de l'ordre de celles qui ont été décrites dans le chapitre 3. A l'inverse, l'adulte aura tendance à utiliser avec un enfant des techniques directes. Il s'agit en somme, pour le thérapeute adulte, de retrouver les tactiques qu'il utilisait avec succès alors qu'il était enfant.

L'art de raconter des histoires

Cet art est (ou devrait être) bien connu des parents. Les histoires que les parents racontent aux enfants pour les endormir ressemblent à celles qu'un thérapeute peut utiliser lorsqu'il souhaite induire chez l'enfant un processus comparable à celui du processus hypnotique :

T. — Est-ce que tu connais l'histoire de la lampe d'Aladin ?
S. — Non !?
T. — Pour bien entendre cette histoire, il faut fermer les yeux... et bien respirer...

L'utilisation de la fiction quotidienne

Une autre technique consiste à utiliser les situations et les récits de fiction que l'enfant connaît fort bien, à savoir les feuilletons ou les bandes dessinées qu'il a l'habitude de suivre à la télévision. Ainsi, par exemple :

T. — Est-ce que cela t'intéresse de voir ici ton feuilleton favori ?
S. — Oui, bien sûr !
T. — Tu as vraiment envie ?
S. — Oui, comment tu vas faire ?
T. — Moi, mais je ne vais rien faire, c'est toi qui vas simplement fermer les yeux et voir la télévision devant toi... voilà c'est bien...

L'autohypnose

Définition

L'autohypnose consiste en la capacité que peut avoir, et développer, une personne à induire pour elle-même un processus hypnotique. Il me semble avant tout qu'il s'agit là d'un domaine où la prudence est de règle. En effet, beaucoup confondent hypnose, ou plus exactement hétéro-hypnose, et autohypnose. Ils espèrent ainsi être en mesure de se soigner eux-mêmes par le contrôle rapide et aisé de tel ou tel symptôme. A mon sens, on ne peut parler d'hypnose que dans la mesure où se manifeste le phénomène de la dissociation dont la spécificité nécessite l'expérience et la présence d'une personne qui non seulement peut la provoquer mais également en déterminer le rôle.

Les techniques

En cohérence avec la définition que je viens d'en donner, l'autohypnose est une procédure qu'un individu peut apprendre avec l'aide d'un thérapeute qualifié. Ce même individu l'expérimente ensuite sans que la présence d'une autre personne soit nécessaire. Dans cette hypothèse, il revient au sujet d'évaluer la qualité de son expérience, encore une fois, en gardant comme critère essentiel un vécu de dissociation, pour qu'il soit possible de rester dans le domaine de l'hypnose.

La phase d'apprentissage

Dans cette phase d'apprentissage, le thérapeute veillera à rester essentiellement didactique dans l'usage qu'il fera de telle ou telle technique. Il met ainsi l'accent sur les points suivants :

— la détente ;

— la focalisation sur un nombre limité de phénomènes sensoriels ;

— la qualité de la dissociation ;

— la qualité de la phase de réveil ;

— la délimitation claire des différentes phases du processus hypnotique.

Il s'agit de faire en sorte que le sujet apprenne à maîtriser au mieux ce type d'expérience.

La technique d'autohypnose proprement dite

Ultérieurement, le sujet va donc pouvoir renouveler, en se servant de ses apprentissages antérieurs, son expérience hypnotique. Il a besoin pour cela d'un cadre et d'une méthodologie.

Le cadre. Avant de s'engager, il est préférable pour le sujet d'être en mesure de disposer d'une heure ou mieux, de deux heures. Il choisit un lieu calme en évitant l'obscurité totale. Un siège confortable est de loin préférable à un lit ou à un divan. La meilleure position est celle qui a été décrite à propos de l'hypnose.

La méthodologie. Très vite, le candidat à l'autohypnose se trouve confronté à un paradoxe que la présence du thérapeute évite en grande partie : comment parvenir à être spontané au bon moment, dans une situation adéquate et afin que l'expérience soit agréable sinon utile ? En l'occurrence, le paradoxe ne peut se résoudre qu'avec l'expérience et avec un cheminement qui restitue au mieux l'apprentissage qui a été acquis avec l'aide du thérapeute. Voici une procédure très générale :

— dans un premier temps, il s'agit d'accéder à un état satisfaisant de détente ;

— le sujet focalise alors son attention sur une sensation, ce qu'il peut faire facilement au niveau d'une main ;

— il peut alors saisir le moment où cette sensation va s'autonomiser pour, paradoxalement, la faire évoluer, la modifier, la transformer. Le plus simple est alors de conduire un dialogue intérieur où le sujet délègue à son inconscient la conduite d'une partie de la séance ;

— à partir d'une expérience de dissociation ainsi obtenue, le sujet doit pouvoir conduire sa séance d'autohypnose selon les finalités de son expérience ;

— la phase de réveil doit être soigneusement menée. Pour cela, le sujet peut se fixer lui-même, au début de sa séance, un « ancrage » (diminution de la lumière du jour, sensation de faim...) qui lui permette de garder un repère spatio-temporel extérieur.

Les utilisations cliniques

La validité clinique de l'autohypnose est extrêmement réduite. Son utilisation doit rester exceptionnelle au risque d'entretenir des illusions sur son efficacité. Elle se justifie, toujours avec une grande prudence, dans les cas suivants :

— lorsqu'il s'avère, pour des raisons pratiques, qu'une seule rencontre sera possible avec le thérapeute à condition que le problème posé soit accessible à cette forme d'(auto)-thérapie ;

— lorsque le sujet a l'expérience de phénomènes comparables à celui de l'hypnose. Je fais référence ici à la relaxation, à la sophrologie, au training autogène et à des techniques de méditation extrêmes-orientales ;

— le mode de vie du sujet doit pouvoir lui donner la possibilité de conduire ce type d'expérience.

— dans certains cas de douleurs chroniques, l'autohypnose, bien conduite, peut permettre au patient d'affronter des épisodes douloureux.

Questions naïves

Doit-on utiliser l'hypnose avec tous les patients ?

Cela rejoint pour partie une question précédente concernant les indications de l'hypnose. J'ajouterai simplement que le thérapeute doit rester constamment libre de son choix quant à l'utilisation de telle ou telle technique avec tel ou tel patient.

Avez-vous l'impression de progresser ?

Un thérapeute qui ne progresse plus pense qu'il n'a plus rien à apprendre de ses patients. De plus, il doit probablement perdre la capacité et le plaisir de sourire.

Quels sont les liens entre l'hypnose et la thérapie familiale ?

Il existe d'abord entre ces deux pratiques un lien historique. Milton H. Erickson a été en contact avec Gregory Bateson dès 1940. Il a ensuite régulièrement travaillé avec Jay Haley et John Weakland (voir [5], article « Erickson et la thérapie familiale ») et donc influencé le groupe de Palo-Alto. Bien qu'Erickson n'ait jamais été un thérapeute familial (la notion de système lui était notamment tout à fait étrangère), c'est surtout au travers des techniques de communication utilisées en hypnose et grâce aux écrits de Paul Watzlawick ([53], [54]) que son influence a pu s'étendre dans ce domaine. Ultérieurement, Jay Haley a développé, dans le champ de la thérapie familiale une approche stratégique ([28], [30], [45]) qui reprend et développe, pour l'essentiel, les prises de position qu'Erickson avait jusque-là expérimentées dans l'hypnose.

Utilisez-vous d'autres techniques en tant que thérapeute ?

Il m'a toujours semblé que l'hypnose et la thérapie familiale systémique partagaient en grande partie les mêmes techniques et la même « philosophie ». L'une et l'autre prennent en compte le contenu des trois boîtes que j'ai mentionnées dans le premier chapitre. Les différences concernent les chapelles et le style des thérapeutes. Aussi, pour ma part, est-il tout à fait naturel de passer d'une thérapie individuelle, à un couple ou à une famille.

Assez fréquemment, au cours d'une même thérapie, je fais en sorte de garder une grande souplesse dans la définition du contexte thérapeutique. De cette manière, le patient est tantôt vu seul, ou en couple, ou avec sa famille. Il arrive même parfois que son contexte social ou professionnel soit intégré dans la thérapie.

Votre expérience de thérapeute familial, l'utilisez-vous en hypnose ?

Il est aussi difficile de se défaire des techniques de communication lorsqu'on utilise l'hypnose, que de se défaire d'une vision systémique lorsqu'on est thérapeute familial. Aussi, dans une thérapie individuelle, me semble-t-il évident d'intégrer le contexte du patient, notamment au travers de prescriptions généralement assez provocantes vis-à-vis de l'entourage.

Peut-on arrêter de fumer grâce à l'hypnose ?

Ce n'est pas l'hypnose qui permet d'obtenir tel ou tel résultat, c'est plutôt l'habileté et l'expérience d'un thérapeute qui utilise un outil qui s'appelle « hypnose ». Il reste que ce type de problème est toujours difficile à gérer pour un thérapeute. Consommer du tabac est un acte multifactoriel où se mêlent des facteurs biologiques, psychologiques, interactionnels et sociaux. Une bonne stratégie thérapeutique se doit de ne négliger aucun de ces aspects. De plus, j'ai constaté qu'il est beaucoup plus facile pour une personne d'arrêter de fumer lorsqu'une raison vitale peut, de surcroît à la thérapie, l'amener à prendre ce type de décision et à persister dans son choix. Le risque d'infarctus ou d'accident vasculaire cérébral, un cancer des bronches qui se déclare dans l'entourage constituent des éléments bien plus efficaces que toute thérapie. Une thérapie par l'hypnose est donc loin d'aboutir à un miracle, ici comme dans tous les domaines.

Quels sont les types de problèmes qu'un thérapeute utilisant l'hypnose a le plus de chance de rencontrer ?

Indépendamment de ses intérêts, de son expérience et de son mode de travail, un thérapeute, connu pour utiliser l'hypnose, verra essentiellement dans son cabinet des patients dont la symptomatologie est assez univoque :

— les troubles obsessionnels sont fréquents, ils ont jusque-là mis en échec d'autres types de thérapie ;

— tout ce qui concerne la sexualité, surtout chez l'homme, trouve de bonnes indications dans l'hypnose ;

— lorsqu'il s'agit d'enfants, et dans une moindre mesure d'adultes, les problèmes qui entourent le sommeil sont souvent invoqués : énurésie, insomnie, asthme, cauchemars ;

— les troubles de la mémoire, surtout l'amnésie d'un fait ou la perte d'un objet, relèvent également de ce type d'approche.

6

LES HYPNOSES PARTIELLES

Il me paraît essentiel d'introduire ici une distinction entre le processus hypnotique proprement dit et les « hypnoses partielles ». Le processus hypnotique correspond à l'ensemble des expériences subjectives du sujet. Il s'agit pour lui d'un contexte d'apprentissage dans lequel peuvent se manifester un certain nombre de phénomènes qu'on appelle habituellement « phénomènes hypnotiques » parmi lesquels prennent place ces « hypnoses partielles ». Pour en rendre l'exposé plus simple et l'utilisation clinique plus immédiate, j'ai établi des distinctions entre ces diverses manifestations spécifiques. Il me faut d'emblée préciser que la manifestation de tel ou tel phénomène dépend essentiellement de la capacité que peut avoir tel ou tel sujet à le produire plus facilement qu'un autre. C'est cette capacité que le thérapeute va utiliser pour la rendre pertinente face au problème posé par son patient. Le processus dissociatif, en même temps que le processus hypnotique, peuvent être représentés sous la forme d'un curseur évoluant entre une limite supérieure et une limite inférieure (ci-contre). Ce curseur est susceptible, dans l'hypnose classique, de représenter la profondeur de transe. Plus il est bas, plus la partie « observée » du sujet est importante, à l'inverse, plus il est haut, plus la partie « observatrice » du sujet est importante. Dans les hypnoses partielles ce curseur est situé à mi-course entre les deux extrêmes.

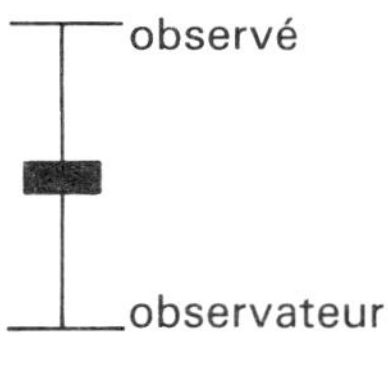

Les manifestations des hypnoses partielles mettent en jeu une partie du corps ou une expérience sensorielle particulière. Elles sont donc concomitantes du phénomène de dissociation, dont elles constituent l'exemple le plus immédiat pour le patient, et sont donc très utiles dans un contexte thérapeutique. Dans la plupart des cas, ces hypnoses partielles concernent le bras (catalepsie, lévitation, paralysie provoquée, écriture automatique). Mais il est possible que d'autres parties du corps soient également intéressées (phénomènes sensoriels).

La catalepsie du bras ou le bras en hypnose

Définition

Un bras est considéré être en catalepsie lorsque, placé dans une position par le thérapeute, il s'y maintient sans la participation ou la coopération du patient et cela sans fatigue et en l'absence de toute sensation désagréable. Les auteurs du XIXe siècle parlaient d'une « spasticité cireuse ». La mise en catalepsie du bras peut être considérée comme un des meilleurs moyens que puisse utiliser le thérapeute pour à la fois :

— ratifier, pour le patient, la manifestation du processus hypnotique ;

— considérer lui-même qu'il est parvenu à un résultat « objectivable » ;

— dissocier, aux yeux du sujet, une partie de son corps de la totalité de ce corps ;

— stabiliser cette transe à un niveau que le sujet peut, dans une certaine mesure, déterminer lui-même ;

— enfin la catalepsie met en place une expérience sensorielle qui a une valeur métaphorique de changement.

Je décrirai d'abord la technique de construction de la catalepsie avant de passer en revue ses éventuelles utilisations cliniques.

Les techniques

La mise en place d'une catalepsie demande une grande précision dans le déroulement de la procédure. Le fait qu'il s'agisse là d'un phénomène relativement spectaculaire fait que le thérapeute doit être très prudent dans l'utilisation de cette technique. Encore une fois, l'opérateur montre sa pertinence non pas dans sa dextérité immédiate mais dans sa capacité à augmenter la prédictibilité de son patient vis-à-vis des changements qu'il induit. La procédure ici décrite est la plus simple. A l'évidence, le même effet peut être obtenu plus rapidement ou plus simplement grâce à l'expérience du thérapeute mais aussi, parfois, grâce à celle du sujet.

Le contexte de l'expérience de catalepsie

Il faut rappeler que, comme chaque fois qu'il se fixe un but, le thérapeute doit garder à l'esprit que le fait de ne pas l'atteindre ne doit être en rien un échec. Son échec risquerait de devenir également celui du patient. Lorsque le thérapeute se donne pour but d'induire une catalepsie, il va, en quelque sorte, préparer le terrain. Pour cela, il lui faut éviter certaines manœuvres et en développer d'autres.

Il faut donc éviter :

— de trop insister sur la détente du corps, laquelle est une sensation qui s'oppose à la légèreté que le thérapeute cherchera à induire dans un bras ;

— de se fixer un but d'emblée difficile à atteindre comme, par exemple, la mobilisation du bras entier en pronation et en extension externe.

Il faut, à l'inverse, insister sur :

— les différences concernant la latéralisation des sensations ;

— la variété des sensations qui peuvent se manifester dans le corps ;

— le caractère inattendu et surprenant de certaines expériences ;

— le fait qu'il est préférable que le sujet ait les paupières closes avant que la catalepsie soit induite ;

— l'importance des rétroactions que peut recueillir le thérapeute de la part du patient.

Les conditions générales

Le sujet doit plutôt être assis dans un siège qui comporte lui-même des accoudoirs. Cet élément pratique va faciliter la tâche du thérapeute. Ce dernier peut plus facilement « construire » une catalepsie pour une personne dont le coude est appuyé sur le bras d'un fauteuil. La distance qui sépare le thérapeute de son sujet ne doit pas être trop importante. Si c'est le cas, le thérapeute va se trouver dans l'obligation de se mettre dans une position inconfortable pour saisir le poignet du sujet. Un thérapeute qui se met lui-même dans une position inconfortable aura davantage de difficultés à mettre son patient dans une position confortable.

La latéralisation de l'expérience

Dans un premier temps, le thérapeute propose au patient de focaliser son attention sur une de ses deux mains. Il peut alors utiliser la technique du choix illusoire :

— « ... j'aimerais vous demander de choisir l'une de vos deux mains... et vous n'êtes pas obligé de me faire part de votre choix... ».

Le fait de ne pas préciser d'emblée la finalité de cette demande crée une attente supplémentaire. Souvent, et de façon involontaire, le sujet désigne la main de son choix par un rapide regard. Ce n'est pas celle-là qui va nécessairement être mise en catalepsie. Il peut arriver que le thérapeute fasse lui-même ce choix en se basant, par exemple, sur la latéralisation du sujet : un droitier va plus facilement accepter ce type d'expérience dans sa main droite. Cependant, il est toujours préférable de donner au patient, autant que possible, des éléments de contrôle en ce qui concerne l'installation et le déroulement des phénomènes hypnotiques. Le choix du bras mis en catalepsie doit se faire selon des critères qui dépendent à la fois de l'opérateur et du sujet.

La manifestation d'une ou de plusieurs sensations

Sans prendre de grands risques, le thérapeute peut annoncer qu'une sensation peut apparaître dès lors dans cette main :

« ... et peut-être à un moment ou à un autre... vous pouvez ressentir dans votre main droite (ou gauche)... peut-être des fourmillements... peut-être un engourdissement... peut-être une sensation de lourdeur... peut-être une sensation de *légèreté*... peut-être une sensation de fraîcheur... ou de chaleur... ou peut-être une autre sensation encore... ».

Dans cet énoncé, la légèreté est privilégiée par une technique de saupoudrage. La succession des sensations se construit comme un choix illusoire. Cependant, il importe de proposer d'abord les sensations les plus probables et, en dernier lieu, celles qui sont les plus élaborées.

La focalisation sur la légèreté

Cette focalisation commence indirectement avec la technique de saupoudrage relevée plus haut. La légèreté, dans une des deux mains, est mise en opposition avec une sensation de lourdeur dans l'autre ou, mieux encore, avec une sensation de détente laquelle, indirectement, donne le même résultat. Cette légèreté peut :

« ... d'abord s'installer dans un doigt... peut-être l'index... ou le médian... peut-être dans un autre doigt encore... », puis « ... dans un autre doigt... avant que la paume de la main... ».

L'intervention du thérapeute

Le thérapeute, à partir des rétroactions qu'il observe chez le sujet (signes de la tête, verbalisation, signaling), va chercher à trouver une confirmation de l'apparition de cette légèreté. Dès qu'elle sera obtenue, il va se permettre d'intervenir plus directement. Il s'agit avant tout d'avertir le sujet du fait que le thérapeute va être amené à s'approcher de lui et à le toucher :

« ... et vous n'avez pas besoin d'être dérangé... dans un instant je vais prendre votre poignet... ».

Le thérapeute peut alors suivre la procédure suivante.

1. Il saisit le poignet du sujet tout en veillant à ne pas avoir lui-même à effectuer un mouvement pénible ou déséquilibrant. Par exemple, lorsqu'il est assis en retrait vers la gauche face au sujet il va, de préférence, prendre le poignet de la main droite du sujet avec sa main droite (ce qui correspond à un mouvement naturel du serrement de main). Pour saisir ce poignet, le thérapeute va utiliser deux doigts, habituellement le pouce et l'annulaire, au niveau des deux apophyses (fig. 13).

2. Lorsque la main et l'avant-bras sont soulevés, il est parfois utile de déplacer le coude sur le bras du fauteuil. Le mouvement du thérapeute doit lui permettre de garder une main libre de manière à pouvoir, en l'occurrence, déplacer le coude du patient (avec la main gauche) pour rendre l'ensemble du mouvement plus confortable pour ce dernier (fig. 14).

3. L'opérateur observe attentivement le visage du sujet pour y recueillir les rétroactions nécessaires à la bonne conduite de l'ensemble. Si la réticence se lit sur ce visage, il est probable que la manœuvre est intempestive, trop rapide ou qu'elle a mal été préparée.

4. En même temps qu'il saisit son poignet droit, le thérapeute focalise l'attention du sujet sur sa main gauche :

« ... et vous pouvez mieux ressentir... dans votre main gauche le confort de cette détente (ou de cette lourdeur)... ».

5. Le thérapeute soulève la main et l'avant-bras du sujet en s'accompagnant des mouvements respiratoires ; autrement dit, il soulève la main en même temps que la poitrine se soulève à chaque inspiration. Par de légers mouvements horizontaux, il recherche la position d'équilibre qui convient le mieux au sujet (fig. 15). Avec l'ensemble des éléments ainsi rassemblés, le thérapeute est en mesure d'évaluer sensoriellement lui-même l'importance de la légèreté qui s'installe dans cette main. La sensation de légèreté que peut percevoir aussi bien le sujet que le thérapeute résulte d'un équilibre qui s'installe lui-même entre les muscles agonistes et antagonistes du bras et de l'avant-bras.

6. Avec ses deux doigts qui restent libres sur le dos de la main du sujet, le thérapeute va effleurer le dos de cette main, avant de la lâcher, de manière à induire certains éléments de confusion.

L'ensemble de la manœuvre du thérapeute aboutit à ce que le sujet ne sache plus si son poignet droit est encore « tenu » par l'opérateur ou s'il a été « lâché ». Pour le sujet, avec la sensation de légèreté, s'installent une certaine confusion et une saturation des récepteurs proprioceptifs [1] au niveau des articulations. Tout se passe comme si, d'une certaine manière, dans le doute il s'abstient ; il laisse plus facilement sa main là où elle se trouve. Lorsque cette légèreté ne s'installe pas et que la main du sujet retombe là où elle était précédemment, le thérapeute accompagne ce mouvement en le commentant de telle manière que le sujet, et le thérapeute lui-même, n'y trouve aucun sentiment d'échec. Il peut ainsi, par exemple, y voir une manifestation de la détente du sujet.

L'évolution de la catalepsie

Lorsqu'elle est installée, la catalepsie peut évoluer de manière différente selon les finalités que le thérapeute lui attribue.

1. Proprioceptifs : les récepteurs proprioceptifs sont ceux qui renseignent le cerveau sur la position des membres.

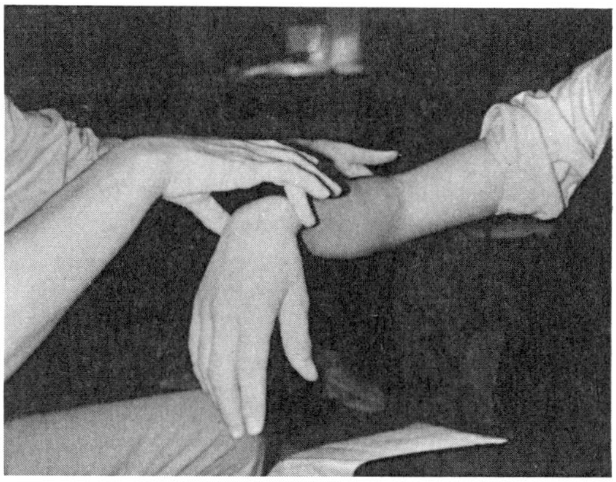

Figure 13

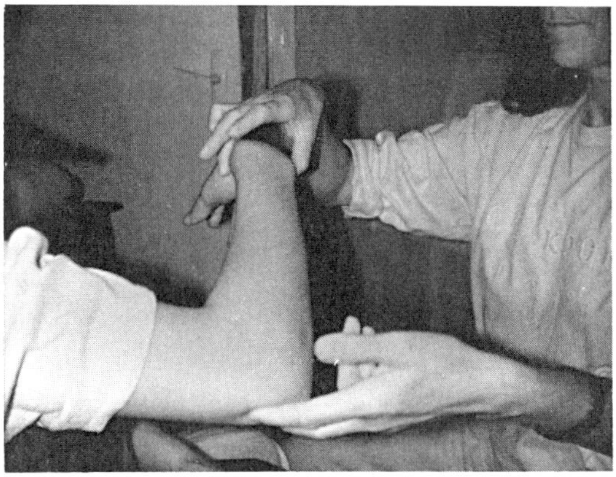

Figure 14

Figure 15

1. Cette catalepsie peut, après avoir stabilisé la transe, en marquer également la fin. Le thérapeute va suggérer l'installation d'une certaine lourdeur dans cette main :

« ... et votre inconscient peut mettre maintenant une certaine lourdeur dans cette main... et votre main va pouvoir alors se diriger vers votre cuisse ou le bras du fauteuil... et ce n'est que lorsqu'elle touchera votre cuisse... ou le bras du fauteuil... que vos paupières s'ouvriront et que vous vous réveillerez complètement... ».

2. Elle peut également se transformer en une lévitation. Le thérapeute induit une légèreté accrue, ce qui a pour résultat de provoquer un mouvement de la main qui s'approche alors habituellement du visage. Le thérapeute veille alors à aider ce mouvement en évoquant la possibilité de mobilisation des articulations jusque-là réduite (coude, épaule).

3. La catalepsie d'un bras peut passer à l'autre bras. Cette alternance est facile à obtenir chez les personnalités obsessionnelles. Ainsi lorsqu'il reprend le poignet de la main en catalepsie, avec quelques indications spécifiques, pour reposer la main là où elle était précédemment, le thérapeute peut parfois obtenir facilement la lévitation-catalepsie de l'autre main.

L'annulation de la catalepsie

La « levée » de la catalepsie, c'est-à-dire l'induction de l'alourdissement ou la détente de la main, doit se faire avec beaucoup de prudence car elle est aussi significative pour le sujet que son installation. Cette phase correspond à la réassociation que j'ai mentionnée précédemment. Elle peut se construire de deux manières.

— La plus cohérente exige que le thérapeute saisisse de nouveau le poignet du sujet, après l'en avoir averti. En même temps, qu'il effectue ce geste, le thérapeute suggère un alourdissement, ou une détente de cette main, ce qui facilite l'ensemble du mouvement.

— L'autre technique exclut l'intervention directe du thérapeute. Il va se contenter ici d'induire un alourdissement de la main qui va d'elle-même opérer un mouvement vers le bas. Il faut savoir que cet abaissement va se faire par un mouvement saccadé (comparable au mouvement en « roue dentée » extra-pyramidal). Lorsqu'un sujet expérimente pour la première fois une catalepsie, il importe que le thérapeute le rassure sur la nature particulière de ce mouvement spontané qui est due à une absence de coordination nerveuse des différents faisceaux musculaires. Par cette technique, le thérapeute peut plus facilement lier la fin de la catalepsie avec la fin de la transe.

Les utilisations cliniques

La catalepsie du bras n'est rien, ou reste anecdotique, si elle n'est pas utilisée dans un but thérapeutique. Elle prend son véritable sens lorsqu'elle est reliée au symptôme par un lien habituellement métaphorique ou symbolique. Je vais en décrire quelques exemples.

Le processus de changement

Dans une situation clinique, tout ce qui concerne le changement et son processus d'installation intéresse le thérapeute et son patient. En ce sens, la catalepsie peut prendre une valeur métaphorique.

— La catalepsie en elle-même est un changement tout à fait spécifique, elle ne se produit que dans le contexte du processus hypnotique. De plus, il s'agit là d'un phénomène suffisamment spectaculaire pour ne pas pouvoir être nié par le patient.

— Son évolution dans le temps, au cours de la transe, offre de multiples possibilités, tout comme le devenir de chaque processus de changement.

Les troubles dits « psychosomatiques »

Une des manières d'aborder les troubles dits « psychosomatiques », dans le contexte de l'hypnose, consiste à considérer que le patient montre ainsi une capacité d'autohypnose qui concerne une partie de son corps. Ce « choix » se fait selon des éléments qui correspondent à son schéma corporel et non en fonction des lois de l'anatomie. Cette partie de son corps (un estomac dans le cas d'un ulcère, ses bronches en cas d'asthme, etc.), s'autonomise dès lors en échappant à son contrôle. Le travail du thérapeute utilisant l'hypnose consiste à redonner à son patient le contrôle de cet organe, ce qu'il ne peut faire qu'en redécouvrant ses capacités d'autohypnose et les capacités d'autonomisation de certaines parties de son corps. Nous retrouvons ici l'importance primordiale de la dissociation.

En ce sens, la catalepsie marque à la fois cette possibilité de dissociation et la capacité d'autonomisation d'un bras. Elle peut servir de métaphore par rapport au processus qui aboutit à l'apparition du trouble psychosomatique. Dans cette expérience, le patient retrouve la possibilité de contrôler son symptôme au travers du contrôle qu'il peut apprendre à obtenir de son bras en catalepsie. L'ensemble de la stratégie du thérapeute se déroule au cours du processus hypnotique d'une manière métaphorique pour le patient. Celui-ci reste tout à fait en mesure d'intégrer cette expérience pour en faire un apprentissage susceptible d'être transposé dans la logique du symptôme.

La relation de l'obsessionnel avec les objets

L'obsessionnel donne l'impression qu'il gère un rapport très singulier avec les objets. Ces objets — ce que démontrent ses rituels, ses pensées récurrentes et envahissantes — semblent pour lui se rebeller constamment. Ils échappent à sa volonté en exigeant d'être fréquemment vérifiés, comptés et maîtrisés. L'obsessionnel vit dans un monde où il ne trouve aucun repos et où sa pensée ne fait que gérer les faits extérieurs et non sa vie intérieure. D'une manière également métaphorique, on peut considérer que ce qui caractérise cette pensée est sa lourdeur, son aspect redondant et son envahissement constant par des préoccupations extérieures. Cela empêche, entre autres, toute concentration intellectuelle et obère singulièrement la vie sociale.

La catalepsie peut intervenir comme l'exemple même d'une situation légère à tout point de vue. Elle est légère car le processus hypnotique suppose la concentration du sujet sur des éléments de sa vie intérieure. De plus, la légèreté de la main peut être reprise par le thérapeute pour évoquer ce que peut être la légèreté des pensées. Enfin, la main et l'avant-bras appartiennent au sujet et peuvent être contrôlés. Il s'agit là d'un apprentissage qu'il peut faire au cours de la séance. Le bras en catalepsie peut donc apprendre au patient à gérer d'une autre manière son rapport aux objets.

Questions concrètes sur la catalepsie du bras

Pourquoi le bras et non la jambe ?

Il s'agit là d'une question effectivement très concrète. Alors « concrètement » les catalepsies du pied et de la jambe sont bien plus difficiles à obtenir et à tenir que celles de la main et du bras.

La main n'est pas très utile pour marcher, mais elle est neurologiquement et physiologiquement plus « investie » que le pied. Aussi les phénomènes qui s'y produisent peuvent-ils prendre des significations plus variées et plus facilement utilisables par le thérapeute.

Comment le thérapeute peut faire le choix de la main à mettre en catalepsie ?

Il n'y a pas, en la matière, de véritable règle mais un certain nombre de bonnes habitudes à prendre :

— se donner la possibilité de travailler avec les deux mains du sujet. Le thérapeute peut ainsi plus facilement « construire » la résistance du sujet en travaillant avec une première main (sans grand succès) pour ensuite mieux travailler avec la seconde ;

— connaître aussi rapidement que possible la main dominante du sujet. Le thérapeute ne va pas nécessairement travailler avec cette main, tout dépend de l'utilisation qu'il veut faire de la catalepsie.

Que faire en cas d'échec ?

La meilleure attitude peut se résumer ainsi : transformer cet échec en réussite. Cependant la « nouvelle » réussite ne doit pas concerner le thérapeute mais le sujet.

Quel est le moment le plus propice pour utiliser ce type de technique ?

Milton H. Erickson a été un des premiers à donner une telle importance à la catalepsie pour toutes les raisons que j'ai pu mentionner jusqu'ici. Personnellement, il me semble que cette technique doit pouvoir être utilisée avec tous les patients et cela très rapidement, c'est-à-dire au cours de la première séance. Un bon thérapeute trouvera toujours le moyen d'en faire un bon usage, c'est-à-dire une technique heuristique pour son patient.

La lévitation du bras

Définition

A la différence de la catalepsie, la lévitation du bras se manifeste sans l'intervention physique directe du thérapeute. Dans ce phénomène, à la suite de ses suggestions, la main, l'avant-bras et parfois le bras du sujet s'élèvent soit pour se stabiliser dans une position confortable à la hauteur du visage, soit plus haut encore, généralement dans une position plus inconfortable. Il arrive que cette situation concerne les deux bras. Habituellement provoquée par l'intervention du thérapeute, la lévitation du ou des bras peut cependant se produire spontanément.

Même si elles sont ici abordées séparément, la catalepsie et la lévitation du bras comportent de nombreuses analogies. Il arrive fréquemment que, dans sa pratique, le thérapeute mêle les deux techniques transformant, par exemple, une lévitation en catalepsie surtout lorsque cette dernière est spontanée. A l'inverse, une catalepsie peut devenir une lévitation du bras, déplaçant dans un second temps la main près du visage du sujet.

Les techniques

Surtout dans ses première étapes, la procédure ici utilisée reprendra pour l'essentiel les techniques de catalepsie du bras ; aussi ne les reprendrai-je pas en détail.

Le contexte de l'expérience

Il s'agit de préparer le sujet à l'apparition d'un phénomène particulier, par la mise en valeur de certaines sensations. Les positions relatives des deux protagonistes sont les mêmes que lorsqu'il s'agit d'induire une catalepsie du bras.

La focalisation sur les mains

L'accent est mis sur les mains d'abord de manière très vague, avant que le thérapeute ne focalise encore davantage l'attention du sujet sur des éléments plus précis.

La latéralisation de l'expérience

Une différence est établie entre la main droite et la main gauche, entre les sensations provenant de la main droite et celles provenant de la main gauche. Il s'agit moins de faire apparaître immédiatement une sensation de légèreté que de mettre le sujet dans un processus où ce type de sensation a davantage de probabilités de se manifester.

L'apparition et l'amplification d'une sensation spécifique

Comme pour la catalepsie, lorsqu'une sensation se « détache » dans une des deux mains, quelle qu'elle soit, le thérapeute la transforme ensuite en une sensation de légèreté. Ainsi :

T. — ... et à un moment ou à un autre... peut-être dans cette main droite... peut-être dans un doigt... peut-être l'index... peut-être le médian... et vous ne lę savez pas encore... mais vous allez bientôt avoir la surprise de le dévouvrir...

P. *(léger mouvement de l'index)*.

T. — ... voilà... maintenant vous commencez à savoir... et c'est agréable d'apprendre... de cette manière... et ce doigt peut entraîner d'abord... un autre doigt... et un autre doigt encore... et la paume de cette main droite... voilà c'est bien... ».

La construction de la lévitation de la main et de l'avant-bras

La lévitation de la main entraîne celle de l'avant-bras. A cette fin, il importe que le thérapeute insiste non seulement sur la légèreté qui s'installe mais également sur la possibilité qu'ont les articulations du coude, et éventuellement celle de l'épaule, de se mobiliser.

L'évolution de la lévitation de la main

Le devenir de la lévitation de la main diffère peu de celui de la catalepsie en ce sens qu'il est très ouvert. Le thérapeute a plusieurs possibilités.

— Renforcer la lévitation d'une main.

Avec certains sujets la lévitation peut être très lente. Pour l'accélérer, le thérapeute peut provoquer une catalepsie de l'autre main avant d'induire le fait que cette même main ne s'abaisse. Il tire ainsi profit d'un mouvement de balancier qui doit faciliter la lévitation de la première main.

— Conforter la lévitation.

Lorsque la lévitation tend à se stabiliser à un niveau qui la laisse peu apparente pour le sujet, le thérapeute a la possibilité de la transformer en catalepsie. De cette manière, selon la procédure décrite plus haut, il va placer l'avant-bras et le coude du sujet dans une position plus confortable.

L'annulation de la lévitation

Les différentes possibilités sont les suivantes.

— La transformation en une catalepsie

Cette hypothèse vient d'être évoquée.

— L'abaissement provoquée de la main

Cette manœuvre est en cohérence avec le processus de réassociation puisqu'elle suit à rebours le processus de « création » de la lévitation. Le thérapeute induit un alourdissement de la main qui va donc redescendre. Comme pour la catalepsie le mouvement est saccadé, ce que doit ratifier le thérapeute.

Les utilisations cliniques

Les applications cliniques de la lévitation de la main recouvrent, en grande partie, celles de la catalepsie du bras.

La ratification de la transe

Avec la lévitation de la main, quelque chose de surprenant et d'inattendu se produit pour le patient. Il ne peut le nier en même temps qu'il ne peut nier la spécificité de l'expérience hypnotique.

La métaphorisation d'un changement et la métaphorisation du processus thérapeutique

Ce premier changement peut être utilisé par le thérapeute comme un modèle, et donc une métaphore, pour les changements qui peuvent survenir ultérieurement. Il en est de même pour le processus thérapeutique qui se met ainsi en place.

La métaphore de la légèreté

Cette légèreté prend elle-même une grande importance, d'autant plus qu'elle est « produite » par le sujet lui-même sans que le thérapeute intervienne aussi directement que dans la catalepsie du bras. J'ai déjà mentionné toute la valeur métaphorique que peut prendre cette sensation, notamment chez l'obsessionnel.

Questions concrètes sur la lévitation du bras

Est-ce que la sensation est la même pour le sujet dans la catalepsie du bras et dans la lévitation de la main ?

Pour le sujet, l'expérience subjective est exactement la même, que son bras soit en catalepsie ou en lévitation. Ce qui diffère pour lui est la valeur qu'il accorde à l'intervention plus directe du thérapeute dans la catalepsie par rapport à la « spontanéité » de la lévitation.

Combien de temps un bras peut-il rester en lévitation ?

En hypnose clinique, il ne s'agit pas d'accomplir des performances. Un bras en lévitation, ou en catalepsie, peut cependant rester dans cette même position le temps que dure une séance, c'est-à-dire environ une heure.

Les paralysies provoquées

Définition

Par la paralysie provoquée, le thérapeute met momentanément le sujet expérimentant le processus hypnotique dans l'impossibilité de mobiliser certaines parties de son corps. Pour cela, le thérapeute va généralement passer par une modification de la sensibilité de cette partie du corps, entraînant elle-même une difficulté de mobilisation.

Les techniques

L'impossibilité dans laquelle peut donc se trouver le sujet de mobiliser telle ou telle partie de son corps peut être provoquée par plusieurs moyens et intéresser diverses parties du corps. Cependant, dans la plupart des cas, ce phénomène va se trouver induit au niveau de la main, de l'avant-bras ou d'un bras.

La lourdeur

En tant que contrepoint de la légèreté, la lourdeur est une sensation relativement facile à obtenir pour le patient. Elle l'est encore plus facilement lorsque l'autre main, ou l'autre bras, sont eux-mêmes en catalepsie ou en lévitation, c'est-à-dire dans un état de légèreté qui correspond lui-même à l'apparition d'un phénomène hypnotique. La lourdeur peut être induite par des suggestions directes ou indirectes ou encore des métaphores ou des images :

« ... et vous pouvez ressentir cette lourdeur... cette détente... voilà c'est bien... et c'est comme si toute la lourdeur dont vous êtes capable... peut se concentrer dans cette main... et dans ce bras... ».

La rigidité

Dans d'autre cas, le thérapeute peut induire une rigidification d'une certaine partie du corps, par exemple le bras ou l'avant-bras. A cette fin, il peut donner des suggestions plus ou moins indirectes :

« ... et votre bras peut vous donner la sensation d'être parfaitement rigide... voilà, c'est bien... comme une barre de métal... et c'est une sensation qui peut vous intéresser... une sensation qui peut vous être utile... ».

L'intrication des tissus

Le thérapeute dispose enfin d'une troisième technique, celle qui consiste à demander au sujet de visualiser la lourdeur de la main et du bras dans le contact que fait la peau avec le tissu du vêtement. Ses suggestions peuvent être les suivantes :

« ... et vous pouvez... à un moment ou à un autre... à votre manière... imaginer le contact de votre peau... peut-être celle de votre index... peut-être celle de votre pouce... peut-être la peau d'un autre doigt... peut-être la peau de l'autre main... le contact de cette peau... dans le tissu de votre pantalon... et la manière avec laquelle votre peau... établit un contact avec ce tissu... la courbure des fibres... la courbure de plus en plus importante de ces fibres... à mesure que cette main devient de plus en plus... lourde. Voilà, c'est bien... c'est très bien... ».

Cette dernière technique vient habituellement renforcer celles qui précèdent.

Les utilisations cliniques

La mise en scène métaphorique d'une impossibilité

L'intérêt le plus immédiat de cette paralysie provoquée est de mettre en scène pour le sujet, d'actualiser dans l'espace de la séance, l'impossibilité qu'il peut avoir à accomplir tel ou tel geste, tel ou tel comportement. J'ai déjà insisté sur le fait que le thérapeute ne doit pas craindre de « créer » ce type de situation au cours du processus hypnotique.

L'impuissance sexuelle

L'exemple clinique le plus banal concerne l'impuissance sexuelle chez l'homme. La stratégie thérapeutique contemporaine du processus hypnotique comporte quatre phases.

1. L'actualisation métaphorique du symptôme par l'induction de la paralysie d'un bras ;

« ... et vous pouvez ressentir dans ce bras... toutes les difficultés dont vous êtes capable... et vous pouvez même ressentir de la colère... peut-être même du mépris... devant cette impuissance... à lever votre bras... ».

2. La construction d'un contexte d'apprentissage. Le thérapeute va proposer au patient d'apprendre à lever cette impossibilité :

T. — ... est-ce que cela vous intéresse d'apprendre... quelque chose qui peut vous être utile ?...
P. — Oui... *(hésitant)*.
T. — ... Oui... même si vous ne savez pas encore comment cela peut vous être utile...
P. — Oui... bien sûr...

3. La mise en œuvre d'une solution. Le thérapeute va alors permettre au patient de résoudre son impossibilité à lever son bras :

« ... dans un moment... quand votre inconscient le choisira... vous pouvez simplement ouvrir et fermer... rapidement vos paupières... et apprendre ainsi à lever votre bras... ».

Évidemment, il importe que le patient se trouve crédité de cet apprentissage ; c'est de lui que provient la solution.

4. La possibilité de transposer cette solution dans un autre contexte. Dans cette dernière phase, le patient est mis dans la situation de pouvoir « apprendre à apprendre » :

« ... et c'est ainsi que vous pouvez apprendre... que votre inconscient peut vous permettre d'apprendre... pour que vous puissiez de cette manière... lever un problème... ou un autre problème... ».

L'ensemble de cette stratégie ne constitue qu'une partie de la prise en charge plus globale d'un tel problème.

Questions concrètes sur les paralysies provoquées

Que faire lorsque cette paralysie angoisse le sujet ?

Dans la mesure où la séance est bien conduite, c'est-à-dire dans la mesure où la dissociation est bien « posée », il est peu probable que le sujet soit angoissé par cette paralysie provoquée. Dans le cas contraire, il reste toujours possible de « travailler » cette angoisse pour l'atténuer et la supprimer.

N'y a-t-il pas un risque de contracture ?

Pour cela il faudrait que la rigidité induite par le thérapeute subsiste trop longtemps et qu'elle ne prenne aucun sens pour le sujet. Dans ce cas, la sensation n'évoluera pas, elle n'entrera pas dans une logique qui lui permettra d'être « intégrée » dans l'expérience du sujet. C'est la raison pour laquelle tout phénomène hypnotique induit par le thérapeute doit demeurer pertinent au regard du problème que pose le patient.

L'écriture automatique

Définition

On appelle « écriture automatique », ou encore « dessin automatique », toute production sur un support spécifique, habituellement une feuille de papier, de signes ou de symboles, par un sujet expérimentant un processus hypnotique. Malgré son caractère spectaculaire, cette technique peut avoir un certain intérêt en clinique. Il s'agit de permettre à un sujet en état d'hypnose de tracer des signes graphiques, parfois suffisamment clairs pour prendre l'aspect d'une écriture ou d'un dessin structuré. Les mouvements de sa main et de son avant-bras sont réputés être involontaires et ne pas obéir à une intention consciente. Ils sont qualifiés d'inconscients ([21], p. 143 et suiv.).

Les techniques

Le thérapeute peut suivre la procédure suivante.

Mise en place du processus hypnotique

Même si cela peut apparaître évident, il n'est pas inutile de préciser qu'avant toute chose le sujet doit être engagé dans un processus hypnotique. Selon les cas, selon l'utilisation qu'il souhaite en faire, le thérapeute va d'emblée induire le phénomène de l'écriture automatique ou le faire précéder d'autres expériences.

Mise en évidence de la dissociation

Ici, comme souvent, la dissociation est déterminante et absolument nécessaire au déroulement de l'écriture automatique. Il s'agit, en quelque sorte, de dissocier le sujet entre une partie de lui-même qui, au travers d'une des deux mains, exprime par l'écriture les prises de position de son inconscient, et une autre qui est en mesure de constater ce phénomène sans le critiquer en aucune manière.

Explications concernant le phénomène de l'écriture automatique

Ces premières conditions étant remplies, le thérapeute va pouvoir mettre en place les conditions pratiques.

— Il glisse entre les mains du sujet un crayon (généralement un crayon de bois en évitant tout objet fragile) et sur ses genoux une feuille de papier posée elle-même sur un support rigide. Le sujet peut être également assis au bord d'une table sur laquelle sera posée la feuille de papier.

— Une des deux mains, habituellement la main dominante (souvent la main droite), est mise en catalepsie ou tout au moins dans une position où elle puisse être suffisamment mobile pour se déplacer, ainsi que le crayon qu'elle tient, sur toute la surface de la feuille de papier (fig. 16).

— Le thérapeute explique alors au sujet, induisant et renforçant ainsi le processus de dissociation, que son inconscient va permettre à cette main de se mobiliser et de manifester ainsi un mouvement. Au travers de ce mouvement, son inconscient va pouvoir s'exprimer.

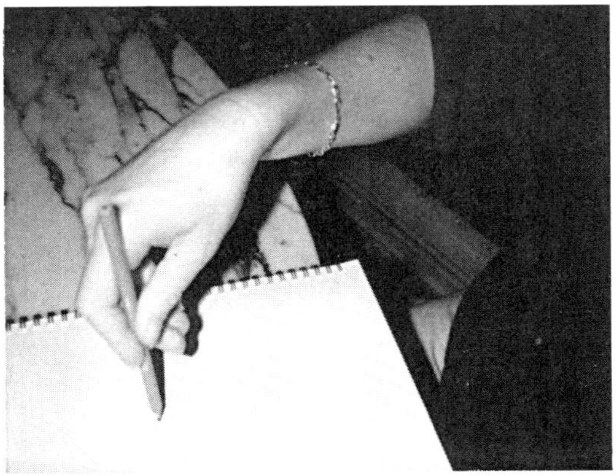

Figure 16

Déroulement de l'expérience

Pour assurer le bon déroulement de ce phénomène, il est alors utile que le thérapeute donne une « tâche » à l'inconscient du sujet ou qu'à l'inverse il focalise l'attention du sujet (la partie qui ne gère pas l'écriture automatique) sur une idée ou un ensemble d'idées. Ainsi par exemple :

« ... et maintenant je vais vous poser un certain nombre de questions... et vous pouvez me répondre par un mouvement de votre tête avec la partie de vous-même qui reste consciente... et votre inconscient peut me répondre avec votre main droite... avec la partie de vous-même qui peut vous apprendre à mieux comprendre votre problème... ».

Ou encore :

« ... et votre esprit conscient peut vous permettre en ce moment de vous faire revivre les moments... les plus agréables de vos vacances... peut-être des images, des sons, des formes, des couleurs... voilà c'est bien... et pendant ce temps-là votre inconscient peut avec votre main sur ce papier... écrire ou dessiner quelque chose qui peut vous aider... et vous surprendre même... si vous ne comprenez pas immédiatement comment cela peut vous aider... ».

Diverses possibilités de rétroaction

Selon les cas, le thérapeute peut permettre au sujet d'avoir ou non immédiatement accès à sa « production inconscient » et aux informa tions qu'elle peut lui donner. Dans la mesure où la stratégie qu'il développe n'est pas celle d'un transfert d'informations de l'inconscient vers le conscient mais plutôt d'un transfert d'apprentissage entre ces deux « instances », cette phase est très importante et donne sa dimension thérapeutique à l'utilisation de cette technique.

Utilisation clinique

Voici quelques-unes des situations cliniques où l'écriture automatique peut être utilisée :

Les problèmes d'amnésie

Il arrive assez fréquemment qu'une demande de « thérapie » par hypnose se fasse à partir d'une situation de perte, perte d'objet ou perte de souvenirs. Ce type de demande provient du fait que la notion d'amnésie, de perte de mémoire, est accolée pour le grand public à la pratique de l'hypnose. Cela — j'aurai l'occasion de le développer au chapitre suivant — n'est pas faux, mais ne renvoie qu'à une image très partielle de ce qu'un thérapeute peut lui-même attendre de ce type d'outil d'intervention. Il considérera cependant que cette information est inscrite dans l'inconscient du sujet. Cependant, afin de respecter le fait qu'il y a probablement une raison qui a fait que le sujet en a perdu la trace consciente, il ne va pas lui permettre de la retrouver immédiatement ([45], p. 72).

Le thérapeute va ainsi utiliser l'écriture automatique afin que l'information soit « redonnée » par l'inconscient, mais il va faire en sorte que le morceau de papier sur lequel cette information est transcrite soit perdue puis retrouvée par le sujet, ultérieurement, à un moment que l'inconscient choisira. Autrement dit, le problème n'est plus celui de la perte d'information mais celui du moment où le papier portant l'information est retrouvé.

Les personnalités multiples

La notion de personnalité multiple est l'objet d'une grande vogue actuellement aux États-Unis ([21], p. 229 et suiv.). Cette vogue correspond elle-même à l'importance accordée aux traumatismes de l'enfance dans l'apparition des troubles de la personnalité. L'hypnose est la technique thérapeutique la plus couramment utilisée dans ce type de problème. Milton H. Erickson lui-même s'y intéressa vivement mais pour des raisons plus théoriques dérivées de la notion même de dissociation. Un certain nombre des cas qu'il cite [21], en ce qui concerne l'utilisation de l'écriture automatique, renvoient à ce phénomène. Avec l'écriture automatique, il est en effet possible de dialoguer directement avec l'inconscient du sujet et donc avec une ou plusieurs des personnalités qui le constituent.

Les problèmes de créativité

D'autres demandes de thérapie tournent autour de l'impossibilité dans laquelle se trouve plus ou moins brutalement un créateur de médiatiser, au travers d'un matériau quelconque, son activité créatrice. On se souvient de l'usage qu'ont fait les surréalistes de ce qu'ils ont également nommé l'« écriture automatique » [7]. Dans un cadre plus immédiatement thérapeutique, il est possible de restituer au sujet ses impossibilités de création avec l'ensemble des paradoxes qui s'imposent ici quant à la spontanéité, la valeur intrinsèque, la reproductibilité qu'on peut trouver dans un tel phénomène.

Questions concrètes sur l'écriture automatique

Peut-on toujours écrire lisiblement avec l'écriture automatique ?

Généralement, lorsqu'un sujet effectue pour la première fois ce genre d'exercice, sa « production » est assez peu lisible. Là encore, avec de l'expérience, le résultat devient de plus en plus probant. Par ailleurs, certaines personnes se montrent plus aptes que d'autres pour répondre rapidement à un critère de qualité.

Cette technique peut-elle être utilisée pour améliorer l'écriture ?

Cette question pose de nouveau le problème du changement. Un changement qui intervient alors que la personne expérimente un processus hypnotique, a peu de chance de persister au-delà de cette expérience. Un exemple connu est celui du bégaiement qui disparaît facilement sous hypnose mais réapparaît ensuite. C'est ce qui fait que l'hypnose n'est qu'un outil parmi d'autres et que le changement qui peut intervenir au cours du processus hypnotique doit absolument être repris dans une stratégie globale de changement. Ma réponse ne peut pas être plus spécifique pour l'écriture, l'orthographe, le bégaiement ou tout autre problème.

La modification et la construction de phénomènes sensoriels

Définition

Au cours du processus hypnotique, le thérapeute peut interférer avec la perception de certains phénomènes sensoriels, qui peuvent donc être soit modifiés soit créés. Ces modifications concernent essentiellement, en clinique, la perception de la douleur. La création de phénomènes perceptuels aboutit à ce qu'on appelle habituellement « hallucinations » ([20], p. 5 et suiv.). Modifier un phénomène sensoriel en revient à changer l'interprétation qu'en fait le sujet. Cela signifie que les éléments émotionnels, affectifs et mnésiques qui interviennent dans cette perception sont réévalués selon des données qui sont immédiatement mises en valeur dans la thérapie pour aboutir à un réapprentissage de cette perception. Par analogie avec les troubles psychopathologiques, l'hallucination créée au cours du processus hypnotique correspond à une perception sans objet. On distingue :

— les hallucinations positives : « création » de sensations ;

— les hallucinations négatives : « suppression » de sensations.

Les techniques

La modification des perceptions sensorielles

Modifier une perception consiste à construire, à partir de ce que ressent le sujet, un ensemble plus ou moins élaboré de sensations qui trouvent leur pertinence dans la stratégie du thérapeute. On retrouve ainsi la technique qui a été évoquée à propos de la catalepsie :

— mise en évidence d'une sensation ;
— focalisation sur cette sensation ;
— évocation d'une sensation connexe et/ou proche ;
— focalisation sur cette seconde sensation ;
— ratification de cette nouvelle sensation.

La limite est aisément franchissable entre la transformation et la création d'une sensation. Lorsque cette « nouvelle » sensation s'élabore dans la complexité et lorsqu'elle correspond à un vécu immédiat pour le sujet, elle devient une hallucination.

Le travail avec les hallucinations

Selon sa focalisation sensorielle, chacun montre plus ou moins de capacités à faire se manifester telle ou telle sensation. Généralement, les hallucinations visuelles sont les plus faciles à produire. Il faut savoir qu'un patient gérera plus facilement des modes sensoriels qui correspondent à ses symptômes. Créer une hallucination consiste donc à évoquer certaines sensations avant de les rendre plus actuelles ;

« ... et peut-être... à un moment ou à un autre... vous aurez la surprise de... retrouver ces sensations de vacances... peut-être d'abord la lumière... peut-être des sons, des bruits... la chaleur du soleil... voilà, c'est bien... ».

Les utilisations cliniques

Le caractère agréable de l'expérience hypnotique

L'expérience hypnotique n'est pas seulement agréable parce qu'elle correspond à un moment de détente mais également dans la mesure où le thérapeute va focaliser l'attention du sujet sur cette détente. Pour cela, il va donc modifier certaines sensations et en créer d'autres.

La régression en âge

Dans le chapitre suivant, j'aurai l'occasion de développer cette technique où les phénomènes hallucinatoires trouvent toute leur place.

Le travail avec la douleur

C'est cependant dans le travail avec la douleur que ces modifications sensorielles sont les plus utiles ([45], p. 117 et [24], p. 149). Cependant, dans la mesure où elles concernent toute l'expérience que peut vivre le sujet dans le processus hypnotique, ces modifications sensorielles se développent parallèlement à la dissociation en même temps qu'elles en assurent la ratification selon un processus que j'ai déjà précisé à plusieurs reprises. La douleur comporte une dimension subjective que le thérapeute peut mettre à profit pour en modifier l'appréhension par le patient. Ce dernier va donc appréhender sa douleur d'une autre manière. Ce travail peut suivre la procédure suivante :

— la focalisation sur une donnée sensorielle ;

— le modification de cette sensation ;

— l'établissement d'un lien entre cette première sensation et la sensation douloureuse ;

— la modification de la sensation douloureuse.

Ainsi, par exemple, après que l'attention du sujet se porte sur la sensation de picotement qui peut se manifester dans une de ses mains, le thérapeute peut l'amener à déterminer un certain rythme dans ce picotement avant qu'il ne le compare avec le rythme de sa douleur. Modifier ensuite le rythme du picotement peut permettre au patient de modifier le rythme de sa douleur et la perception qu'il peut en avoir.

Questions concrètes au sujet des phénomènes sensoriels

Peut-on produire des sensations désagréables ?

Théoriquement, il n'est pas impossible de produire des sensations désagréables. En clinique, cette démarche a habituellement peu d'intérêt, à moins que cela ne rentre dans une stratégie thérapeutique.

N'y a-t-il pas un risque à laisser libre cours à la production d'hallucinations chez un patient ?

Avec un patient halluciné, l'induction de phénomènes hallucinatoires peut comporter plusieurs avantages. Le premier est le résultat facile à obtenir, car le thérapeute mobilise alors les capacités immédiates du patient. Le risque, en l'occurrence, se pose surtout pour le thérapeute qui peut être angoissé à l'idée de s'engager dans un processus difficilement maîtrisable. Mais ce risque est très faible lorsque la séance est bien conduite et la dissociation bien établie. Le second avantage est que cette démarche peut permettre au thérapeute de substituer, dans un premier temps, un apprentissage d'hallucinations agréables aux hallucinations désagréables, par exemple, persécutrices pour le patient. Cela ne constitue qu'un temps de la prise en charge de ce type de problème.

Peut-on soigner toutes les douleurs avec l'hypnose ?

Je ne peux faire ici que répéter ce que j'ai déjà mentionné à propos des indications de l'hypnose et donc de l'expérience du thérapeute.

7

LE TRAVAIL DANS LE TEMPS

En opposition, et en complément, aux phénomènes d'hypnoses partielles, j'ai regroupé dans ce chapitre les phénomènes hypnotiques qui concernent l'inscription dans le temps du travail qui s'accomplit au cours de la séance. Il s'agit de phénomènes qui englobent totalement cette expérience [21]. Contrairement aux phénomènes d'hypnose partielle, le curseur est ici placé beaucoup plus bas sur son échelle, ce qui traduit le fait que ce travail dans le temps englobe tout le vécu du sujet.

Définition

Toute activité humaine s'inscrit dans un processus temporel. La thérapie et, avant cela, le symptôme s'ordonnent selon des axes temporels spécifiques. Le ou les changements que le thérapeute va induire ne peuvent se révéler pertinents que dans la mesure où ils respectent ces spécificités. En même temps qu'elle peut introduire ces changements, l'hypnose permet de moduler le temps ou encore d'introduire dans la thérapie la durée, la contraction ou l'extension du temps. Elle peut surtout permettre de mieux répondre à l'exigence du « Καιϱος » (le bon moment), qui puisse rendre ces changements pertinents au regard du problème posé. Ce sont ces différentes possibilités que je vais maintenant exposer.

Amnésie et hypermnésie

Ces deux phénomènes sont déterminants dans le contexte de l'hypnose. Ils permettent d'en faire un contexte d'apprentissage, ou encore, plus souvent, un processus de ré-apprentissage. Ces processus ne peuvent que s'appuyer sur des expériences mnésiques. Comme nous le verrons, il est impossible de séparer ces deux phénomènes car ils constituent les deux faces d'une même réalité (fig. 17).

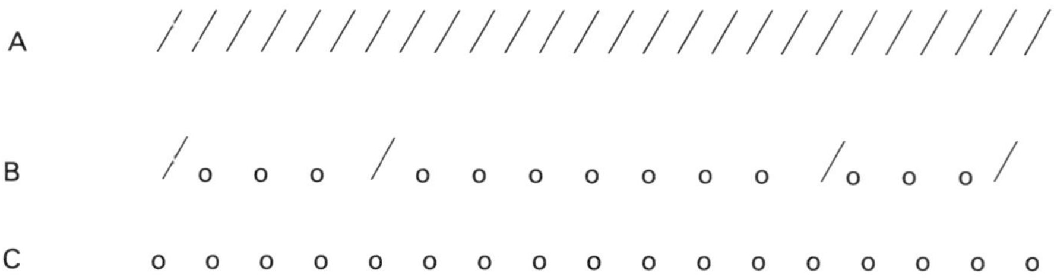

Figure 17

Les souvenirs, les apprentissages qui sont pour chacun de nous présents sur notre table de travail mnésique sont représentés sur la ligne B. Ils ne constituent qu'une infime partie des éléments mnésiques dont nous pouvons disposer (A) et qui constituent la source de l'hypermnésie. Alors que dans les cas d'amnésie (pathologiques ou provoqués) il ne subsiste aucun souvenir (C).

L'amnésie

L'amnésie spontanée

Ce qu'expérimente le sujet, au cours de la séance d'hypnose, peut être spontanément frappé d'amnésie. Cependant, le thérapeute se doit de garder, autant que possible, le contrôle de cette expérience. Aussi va-t-il, au décours de la séance, s'assurer de ce dont le sujet se souvient... ou ne se souvient pas. Lorsque l'amnésie survient spontanément, dans un contexte thérapeutique, elle est habituellement sans conséquence. Car tout se passe comme si le travail mis en route au cours de la séance se poursuit au-delà du réveil de manière inconsciente. C'est même là une des spécificités thérapeutiques de l'hypnose.

L'amnésie provoquée

Il arrive cependant que cette amnésie soit utile pour le thérapeute dans la stratégie qu'il développe par rapport au symptôme. Il va alors la provoquer. Cela sera essentiellement le cas lorsque des suggestions post-hypnotiques auront été faites au cours de la séance. Il importe, en effet, que ces suggestions ne soient pas critiquées par le sujet, elles y perdraient leur efficacité.

La construction de l'amnésie

1. L'amnésie en tant que suggestion post-hypnotique

La technique la plus simple consiste à faire de l'amnésie une prescription, plus exactement une prescription post-hypnotique. Ses effets se manifesteront dès le réveil du sujet :

« ... et dès que vos paupières s'ouvriront... vous pourrez laisser de côté les choses les plus utiles... parmi celles que vous avez expérimentées au cours de cette séance... et c'est tellement agréable d'oublier... et il y a beaucoup de manières d'oublier... ».

2. L'amnésie dans une métaphore

Dans les métaphores qu'il utilise, le thérapeute peut introduire indirectement la possibilité pour le sujet d'oublier tel ou tel élément de la séance. Le sujet peut, par exemple, trouver dans la métaphore la possibilité de s'identifier à tel ou tel personnage et oublier, comme ce dernier, un fait ou un souvenir.

3. L'amnésie en tant qu'apprentissage

Cette amnésie peut faire partie des apprentissages que trouve le sujet dans la transe hypnotique. L'enfant apprend à lire, il se sert ensuite de cet apprentissage tout en oubliant les processus d'acquisition de cet apprentissage. De même, le patient peut apprendre à gérer son problème tout en oubliant la manière dont il peut faire cet apprentissage. Autrement dit, le sujet peut apprendre à oublier grâce à l'hypnose.

4. La mise entre parenthèses de la séance

Une autre manière de construire cette amnésie consiste à mettre entre parenthèses la séance d'hypnose, c'est-à-dire à poser, par exemple, la même question au sujet juste avant le début de la séance et juste après le réveil du sujet. Toutes les interactions qui se sont déroulées entre-temps, c'est-à-dire l'ensemble de la séance, ont alors tendance à être oubliées par le sujet.

L'utilisation thérapeutique de l'amnésie

L'utilisation de l'amnésie dans la pratique clinique peut essentiellement servir à augmenter l'efficacité des suggestions post-hypnotiques qui ne peuvent ainsi être « critiquées » par le sujet.

La création d'une amnésie sur un point secondaire permet au thérapeute de travailler avec la résistance du sujet. Celle-ci est alors détournée sur un élément qui n'a aucune incidence.

Lorsque le patient se présente avec un problème d'amnésie, le thérapeute peut « créer » une autre amnésie comme dans l'exemple cité à propos de l'écriture automatique. L'idée est toujours de laisser le sujet libre de ses choix quant au recouvrement de tel ou tel souvenir.

L'hypermnésie

Définition

Dans le contexte de l'expérience hypnotique, l'hypermnésie peut se qualifier comme étant la capacité que posséderait chaque individu de garder en mémoire, sauf évidemment en cas de déficit instrumental, toutes les informations relevant de ses expériences de vie. Tout se passerait comme si nous étions en mesure de garder en mémoire l'ensemble des sensations et des souvenirs qui se rapportent à toute notre vie. La majeure partie de ces souvenirs n'est pas immédiatement disponible en dehors de conditions spécifiques comme, par exemple, l'expérience hypnotique. Pour mieux illustrer l'hypermnésie, je prendrai la comparaison, même si elle est tout à fait grossière, d'une bande magnétique. L'ensemble de nos expériences est enregistrée sur des bandes magnétiques dont la plupart sont perdues, à tel point que nous en oublions l'existence. L'hypnose permet à la fois de les retrouver et d'en retrouver une utilisation possible. Il faut établir ici une différence entre la saisie de ces informations, l'hypermnésie, et le recouvrement de ces données qui est une des particularités de l'hypnose et qui sera développée à propos de la régression en âge.

Utilisation clinique de l'hypermnésie

Cette hypermnésie constitue une des données de base de l'expérience hypnotique et de la stratégie thérapeutique. Nous verrons ce qu'il en est de la régression en âge. Celle-ci n'est possible que dans la mesure où le thérapeute « mobilise » cette hypermnésie. Dans certaines demandes de thérapie, le patient manifeste lui-même sa croyance en ce phénomène (qui peut même s'étendre vers des vies antérieures). Dans la mesure où il ne sacrifie pas à une logique linéaire (la relation directe et exclusive entre la cause et l'effet), le thérapeute pourra donc travailler avec ce type de demande.

Il convient cependant de rester extrêmement prudent quant à la réalité des faits éventuellement vécus au cours de la régression en âge. Il n'est pas possible de leur attribuer un statut de vérité même s'ils en ont l'aspect pour le patient : véracité n'est pas vérité !

La distorsion du temps

Définition

L'expérience subjective que peut avoir le sujet de la durée d'une séance d'hypnose offre souvent bien des surprises. Aussi le thérapeute doit-il prendre l'habitude de questionner régulièrement ses patients sur l'évaluation qu'ils font de la durée de la séance. Cette durée — l'appréhension subjective que peut en avoir le sujet par rapport aux indications objectives — peut varier en plus (expansion du temps) ou en moins (contraction du temps). Le second cas est le plus fréquent. Dans l'expansion du temps, le sujet a l'impression que la transe hypnotique s'est déroulée sur une période bien plus importante que la réalité. Il expérimente ainsi un ralentissement de son vécu subjectif du temps qui s'écoule. A l'inverse, dans la contraction du temps, cette durée s'accélère sensiblement, aboutissant à l'impression que l'expérience hypnotique a été fort brève ([20], p. 221 et suiv.).

Les techniques

Généralement, ces modifications de l'expérience temporelle se manifestent spontanément. Il est cependant possible pour le thérapeute de les induire. Comme très souvent dans ce type d'approche, ce dernier a la possibilité de choisir entre un ensemble de techniques directes et un ensemble de techniques indirectes.

1. Dans la technique directe, le thérapeute suggère au sujet de « vivre » une expérience présentée comme se déroulant, selon les cas, très lentement ou très rapidement :

« ... et vous pouvez en ce moment imaginer... que vous êtes en train de descendre cette piste de ski... et vous pouvez vous apercevoir que cette descente peut vous donner le sentiment de se faire très rapidement... bien que tous vos gestes... toutes vos positions... toute votre attention... restent parfaitement adaptés... ».

2. Dans la technique indirecte, le thérapeute parvient à un résultat identique par l'utilisation d'artifices comme celui qui consiste à proposer au sujet de se voir vivre tel ou tel événement sur un écran de télévision :

« ... et vous pouvez être ici dans ce fauteuil... et là-bas sur cet écran... et dans votre main droite il y a cette télécommande... et vous savez que vous pouvez ainsi... accélérer ou ralentir... les images... ».

Les utilisations cliniques

Chaque fois qu'une modification de la durée d'un symptôme, ou d'un élément qui s'y rattache directement, peut s'avérer utile, le thérapeute peut inclure une distorsion du temps dans sa stratégie thérapeutique. Ainsi, par exemple :

— certaines douleurs se manifestent selon un rythme et une durée précis. Le thérapeute peut en diminuer la durée en « apprenant » au patient à modifier son appréhension temporelle de cette douleur dans le sens d'une accélération ;

— pour l'obsessionnel, obnubilé par toute une série de ritualisations qui lui prennent tout son temps et son énergie, cette même stratégie peut être adoptée ;

— à l'inverse, le thérapeute peut apprendre au sujet l'extension dans le temps de ses expériences les plus agréables (détente, soulagement de la douleur...), afin de mieux s'opposer à toutes ses souffrances.

La régression en âge

Lorsqu'il utilise l'hypnose, le thérapeute considère qu'il a en main un instrument qui permet de déplacer, en tel ou tel point de l'axe du temps, l'expérience immédiatement vécue par le sujet. Ce déplacement vers le passé est appelé « régression en âge ». A l'inverse, le déplacement vers l'avant est dénommé « anticipation ».

L'expérience subjective du sujet

Pour bien comprendre à la fois l'utilité de cette technique et sa difficulté de mise en œuvre, je décrirai d'abord ce qu'elle peut signifier pour le sujet. Dans la régression en âge, le sujet vit une expérience très immédiate où l'ensemble des sensations, des émotions et des perceptions qu'il y trouve, ne sont pas le résultat de la remémoration de souvenirs habituellement disponibles. Autrement dit, il ne s'agit pas de reconstruire un ensemble de souvenirs, comme cela peut être le cas en état de « veille », mais plutôt de permettre au sujet de vivre très intensément et très immédiatement (pas seulement de re-vivre) certaines situations de son passé. Dans la régression en âge, le sujet est capable de ressentir un ensemble d'expériences de sa vie antérieure comme s'il les vivait pour la première fois. Il peut ainsi avoir six ans ou trois ans sans être en mesure de disposer et, *a fortiori*, de se servir des apprentissages qu'il a faits après l'âge correspondant à celui de la régression. C'est ce qui explique la qualité tout à fait spécifique de cette régression en âge et sa différence avec une simple remémorisation.

Le sujet est dissocié, c'est-à-dire qu'il se trouve à la fois observateur et acteur de son expérience hypnotique. Cependant, dans la régression en âge, cette dissociation aménage une grande place à cette expérience de régression et laisse très peu d'espace pour l'observateur. Cela

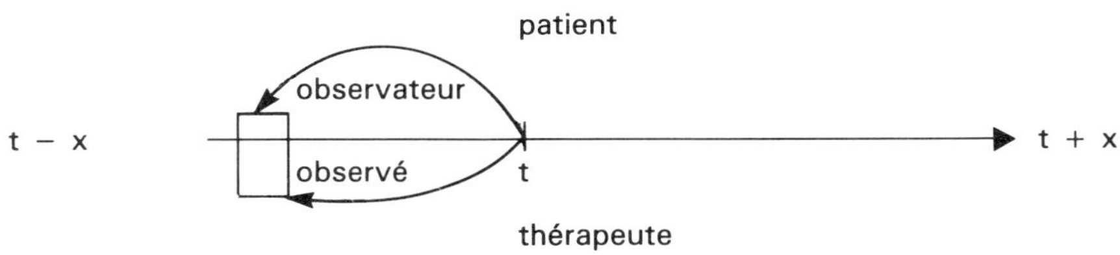

Figure 18

explique le caractère immédiat de l'expérience et l'adhésion que le sujet y montre. La figure 18 illustre mon propos. La partie consciente du sujet, observatrice, est moins importante que la partie observée. Tout se passe comme si le curseur marquant la dissociation aménageait une place plus importante à la régression elle-même. Le déplacement de ce curseur dépend en grande partie du thérapeute.

Les « fusibles »

Ces fusibles sont les précautions que le thérapeute doit garder en tête et appliquer de manière à éviter qu'une expérience aussi délicate que la régression en âge reste sans effet dans le processus thérapeutique qu'il cherche à développer. Ils sont au nombre de quatre. Ils doivent être posés et vérifiés avant que la régression en âge ne soit mise en place, c'est-à-dire au tout début du processus hypnotique.

Le caractère agréable de l'expérience

Avant tout, la régression en âge doit correspondre à une expérience agréable. A l'évidence, le thérapeute ne peut prévoir tout ce que le sujet peut y trouver. Ce dernier est, par ailleurs, mieux en mesure de juger ce qu'il en est de la charge émotionnelle de tel ou tel souvenir. Aussi, par précaution, le thérapeute va faire en sorte que cette situation reste aussi prévisible que possible, en l'occurrence marquée par une tonalité agréable.

La dissociation des souvenirs et des émotions

Afin de mieux assurer encore ce confort, le thérapeute va établir un niveau de dissociation entre le souvenir et l'affect qui peut y être attaché, ce qu'il peut exprimer ainsi :

« ... et vous pouvez simplement retrouver certains souvenirs que vous pensez... avoir oubliés... mais laisser de côté les émotions moins agréables... ».

Les apprentissages acquis par le patient

Une des conséquences les plus importantes de ce vécu particulier est l'absence quasi totale des apprentissages postérieurs à l'âge de la régression. Le thérapeute se doit de faire « comme si » il s'adressait effectivement à un enfant âgé, par exemple, de 3 ans. En considérant que cet enfant possède le vocabulaire, les manières de penser et les orientations générales à la réalité de son âge. Pour contourner cette situation, il va proposer au sujet, en état de transe et lorsqu'il s'agit d'induire une régression, de « garder dans l'expérience qu'il va vivre les capacités de communication de l'âge adulte, afin de mieux vivre encore cette expérience et de pouvoir, à chaque instant, partager ce qu'il peut juger utile de partager ou de décrire ».

L'actualité du thérapeute

Dans la mesure où le sujet régresse à un âge antérieur de son existence, il « perd contact » avec la réalité immédiate et notamment avec l'existence même du thérapeute. Celui-ci doit faire en sorte de se « réactualiser » dans la régression. Pour cela, il va très vite proposer au sujet, en état de transe, « de transformer sa voix (celle du thérapeute) en celles d'autres personnes, en celles d'amis, ou même de parents... ». Dans d'autres cas, cette voix « peut devenir le bruit du vent, le bruit d'une rivière, etc. ». Cette précaution a fait qu'Erickson utilisait très souvent l'expression : « Et ma voix vous accompagnera... » [49]. Il importe que le thérapeute, d'une certaine manière, soit lui aussi dissocié pour accompagner le sujet dans son expérience sans entraîner l'incongruence qui consisterait à installer une trop grande distance entre des données présentes et celles qui relèvent du passé. Dans certains cas, le thérapeute peut être amené à construire de toute pièce une nouvelle personnalité contemporaine de la phase de régression en âge. Cela revient à créer artificiellement une réalité qui peut se concrétiser sous la forme de souvenirs pour le sujet. Cette technique exceptionnelle est appelée « February man », en référence au fait qu'elle correspond chez Erickson à un cas où il annonçait au patient la venue prochaine d'un homme au mois de février [22].

Les techniques

Les techniques de régression en âge sont parmi les plus délicates à employer. Chaque sujet montre lui-même des capacités tout à fait particulières. La congruence des éléments que va ici fournir le thérapeute au patient demande une grande vigilance de la part du premier. La stratégie qu'il va utiliser comprend quatre phases.

Le contexte « temporel »

Sans être une technique à part entière, l'évocation fréquente de données temporelles au tout début de la séance, permet au sujet, et au thérapeute, de se placer dans une telle orientation et dans un tel contexte. Le thérapeute peut ainsi insister sur le délai qui s'est écoulé depuis la dernière séance, sur la durée de chaque séance, etc.

La remontée dans le temps

Le temps se déroule comme une pelote de laine, d'abord lentement puis plus rapidement à mesure que le thérapeute prend de l'assurance et craint beaucoup moins de rompre le fil du temps. Pour ce faire, il va se servir d'un certain nombre de repères soit directement temporels (les jours, les semaines, les mois, les années...), soit de faits ou d'événements inévitables (les anniversaires, les repas, la mode, etc.). A partir du présent, le thérapeute remonte le temps en choisissant un fil conducteur jusqu'à l'âge qui lui paraît convenir selon le patient et sa propre stratégie thérapeutique.

L'écran de cinéma ou de télévision

L'autre technique consiste à établir un niveau de dissociation entre, d'une part, une partie du sujet qui observe et, d'autre part, un écran de cinéma ou de télévision sur lequel se déroulent des scènes qui correspondent à l'âge de la régression. Le sujet est mis en situation de s'observer lui-même, au travers de cet écran, à un âge correspondant à celui de la régression. Cette technique a l'avantage d'être plus souple car elle laisse plus facilement au thérapeute et au sujet la possibilité de contrôler l'expérience (par exemple grâce à une télécommande). Elle exige cependant une grande pratique de la dissociation et la mise en place d'une stratégie thérapeutique précise.

La réactualisation des expériences

Au décours de la phase de régression, il importe que le thérapeute, tout comme dans la dissociation, permette au sujet d'effectuer le chemin à rebours vers le présent de la séance. Pour cela, il va généralement employer la même technique que celle qu'il a mise en œuvre pour construire la régression.

L'utilisation thérapeutique de la régression en âge

La demande du patient

Le thérapeute utilise la régression en âge pour répondre d'abord à la demande du patient. Généralement, ce patient obéit alors à un préjugé qui lui donne à penser que l'hypnose sert à retrouver des souvenirs, généralement traumatiques. Il pense également que ces souvenirs étant « retrouvés », ses problèmes actuels disparaîtront. Dans l'hypnose moderne, cette méthodologie ne peut être acceptée, elle reste simplement linéaire et ne tient pas compte des interactions qui se produisent avec le contexte. Cependant, une telle démarche doit être respectée. D'une manière générale, il est préférable que le thérapeute fasse part de ses propres convictions ou, pour le moins, de ses réticences. Dans la mesure où le sujet les accepte, la technique hypnotique pourra être utilisée. Dans d'autres cas, plus extrêmes et plus rares, le patient qui croit aux vies antérieures espère par l'hypnose se trouver confirmé dans ses certitudes : il a, dans une autre vie, été sorcier(e) au XIIIe siècle, chat en Égypte antique ou encore grand prêtre maya (mais jamais ouvrier dans la banlieue de Londres en 1850). Là encore, suivant le temps dont dispose le thérapeute et l'intérêt qu'il trouve à travailler avec une telle demande, il s'agit de trouver un compromis entre la démarche, les croyances du sujet et les conceptions qu'a le thérapeute de la validité d'une telle procédure.

La ratification de la transe

Lorsque le sujet montre quelques facilités, la régression en âge peut être utilisée pour ratifier la transe. Dans certains cas, elle peut même se manifester spontanément ou sans l'intentionnalité du thérapeute.

Le contexte d'apprentissage

La principale raison pour laquelle un thérapeute induit une régression en âge reste à l'évidence la réactualisation, par cette technique, d'une phase d'apprentissage « active » pour le sujet. Cette phase d'apprentissage devient alors une métaphore de la thérapie, car elle correspond elle-même à un processus d'apprentissage. Dans la technique dite « early learning set » ([18], p. 284), Erickson ramenait généralement le sujet en classe, au moment où il apprend à lire, à écrire, à compter.

Tous ces apprentissages servent tout au long de la vie, de la même manière que les apprentissages que le patient peut faire dans la thérapie vont lui servir pour le restant de ses jours.

La création d'un nouveau contexte d'apprentissage

Plutôt que de servir à retrouver une situation traumatique, qui du reste fait partie de la vie de chacun, la régression en âge va servir à construire un nouveau contexte d'apprentissage qui infiltre dès lors la thérapie tout entière. Un exemple peut en être donné avec la technique qui consiste à faire régresser le patient jusqu'à une époque où il ne connaissait pas encore le problème dont il souffre. Dans cette situation, il lui est proposé, au cours de la séance d'hypnose, d'aider une personne qu'elle peut rencontrer et qui souffre de ce même problème. De cette manière, les ressources du sujet sont mobilisées pour répondre à une démarche qui n'est pas directement la sienne, grâce à l'artifice de la régression. Mais le résultat de cette mobilisation subsiste au-delà de la séance en tant qu'apprentissage et peut servir au sujet face au problème qu'il a à affronter actuellement.

L'anticipation

En miroir de la technique précédemment décrite, le thérapeute peut permettre au sujet de se projeter dans l'avenir afin de créer, là également, un nouveau contexte d'apprentissage.

L'anticipation des « souvenirs »

Dans la situation d'anticipation, le sujet est placé dans une situation future. Entre le présent et ce futur s'insère une solution de continuité qui correspond à l'espace de la séance. Il s'agit, en quelque sorte, de créer des « souvenirs » par l'anticipation [6] de faits qui ont un rapport immédiat avec la demande du patient.

Les techniques

Les techniques diffèrent peu de celles utilisées dans la régression en âge, à cela près qu'elles orientent donc le sujet vers des expériences qu'il n'a pas encore vécues (fig. 19). C'est ce qui fait qu'il est ici plus facilement observateur qu'observé.

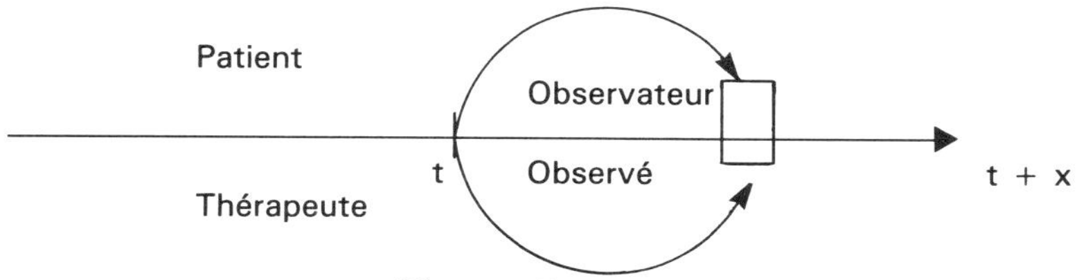

Figure 19

Le contexte temporel

La création de ce contexte, dans ses modalités comme dans ses finalités, correspond tout à fait à ce qui a été décrit à propos de la régression en âge.

L'avancée dans le temps

Les mêmes repères que ceux cités plus haut servent ici à anticiper certains événements. A l'évidence, il est préférable d'utiliser des repères temporels inévitables comme des fêtes (Noël, Nouvel An, etc.) ou des anniversaires.

L'écran de cinéma ou de télévision

Là également, les scènes représentées dans le processus de dissociation anticipent les expériences présentes du sujet.

La réactualisation des expériences

Comme dans la régression en âge, même si cela peut paraître ne pas répondre à une logique évidente, le thérapeute va actualiser les expériences et les apprentissages du futur dans la période actuelle :

« ... et il y a ces apprentissages du futur... que vous pouvez peut-être déjà utiliser demain... ou la semaine prochaine... d'une façon ou d'une autre... ».

L'utilisation thérapeutique

L'anticipation, plus rarement utilisée que la régression en âge, sert essentiellement à créer un nouveau contexte thérapeutique. En écho à ce qui a été décrit plus haut, le sujet est mis dans une situation du futur où il ne se trouve plus confronté, pour tout ou partie, au symptôme qui motive sa demande. Il s'agit, en quelque sorte, de lui permettre, à lui et à son inconscient, d'effectuer un certain nombre de réaménagements grâce auxquels il peut mieux préparer les changements nécessaires face à la situation présente. La stratégie la plus simple est alors, par exemple, d'amener le sujet à la fin de l'année civile ou le jour de son prochain anniversaire. Le thérapeute lui propose de faire ce que chacun fait ces jours-là, à savoir un bilan de l'année qui vient de s'écouler. Dans ce bilan peut alors apparaître, en guise de cadeau d'anniversaire ou de cadeau de fin d'année, l'idée qu'il a décidément fait bien des progrès depuis quelques mois. Il peut même constater que sa vie a bien changé, peut-être depuis quelques semaines, etc. Ces informations et cette logique, intégrées au cours du processus hypnotique, poursuivent leur chemin au-delà de la séance proprement dite et facilitent le réaménagement contemporain de tout processus de changement, donc également du processus thérapeutique.

Questions concrètes

Jusqu'à quel âge peut-on retourner avec la régression en âge ?

Pour un thérapeute, il ne s'agit pas, là encore, d'accomplir une « performance » en permettant à son patient de régresser le plus loin possible. Il s'agit surtout de faire en sorte que la régression en âge lui soit utile. Il n'y a pas de lien direct entre l'importance de la régression et son efficacité thérapeutique. Erickson cite des cas de régression allant jusqu'aux premiers mois de la vie. J'ai moi-même eu dans mon expérience une patiente qui a revécu un épisode de sa vie où elle se trouvait dans son berceau. Cela pose un certain nombre de problèmes. Évidemment, dans la plupart des cas, il est impossible de vérifier les données de l'expérience. En tout état de cause, ce qui paraît ici déterminant est le crédit qu'accorde la patiente à ce type d'expérience. C'est la raison pour laquelle j'insiste toujours sur le fait que seul le sujet est en mesure de porter un jugement sur la validité de son expérience hypnotique.

Quelle est la principale différence entre la régression pour un psychanalyste et pour un hypnothérapeute ?

N'étant pas psychanalyste je peux plus facilement préciser ce qu'est la régression en âge, ou plutôt les idées qui sous-tendent son utilisation, dans le contexte de l'hypnose. D'abord, il s'agit d'une régression *en âge*. Ce type de régression n'est pas uniquement émotionnelle et ne se construit pas à partir de mécanismes transférentiels. Le sujet vit effectivement, toujours au travers du filtre de la dissociation, une expérience correspondant à un âge antérieur. La validité de cette expérience se trouve dans sa dimension d'apprentissage ou de réapprentissage. C'est dans ce sens qu'elle est utilisée, dans le sens de la création d'un contexte et non dans la recherche d'un événement traumatique qui puisse expliquer et donc « lever » le problème.

Le thérapeute doit-il toujours choisir l'âge de la régression pour son sujet ?

Il doit pouvoir choisir cet âge autant que possible. Il arrive cependant que ce choix se fasse « spontanément » par le sujet. Là encore, tout dépend de la qualité de la rétroaction.

Comment utiliser les souvenirs spontanés ?

Il arrive, en effet, que le sujet se souvienne « spontanément » de certains faits. En ce cas, on ne peut parler d'éléments relevant de la régression en âge, car il s'agit de souvenirs qui peuvent « se passer » du processus hypnotique pour surgir à la conscience du sujet. Ces souvenirs peuvent cependant être éventuellement repris au décours de la séance.

Est-il parfois utile que le sujet commente le contenu de sa régression en âge ?

Il n'y a pas ici de règle absolue. Le thérapeute doit garder en mémoire le fait que plus il commente avec son patient le contenu de sa séance, plus il en retire l'aspect stratégique en vidant, par exemple, les suggestions post-hypnotiques de leur caractère anticipatif. A l'inverse, un contenu dont les aspects émotionnels restent mal précisés doit être travaillé par le thérapeute.

8

LA SUGGESTION POST-HYPNOTIQUE ET LES PRESCRIPTIONS

Définition

Même si ces deux techniques, la suggestion post-hypnotique et les prescriptions, sont ici mêlées dans un même titre, il s'agira d'abord de bien établir les différences entre ces deux approches guidées cependant par des finalités identiques : comment prolonger au-delà de la séance le changement qui aura été provoqué au cours de cette même séance (cf. fig. 12, D).

La suggestion post-hypnotique

Il s'agit de la suggestion, directe ou indirecte, qui est donnée au sujet, alors qu'il expérimente le processus hypnotique, et à laquelle il répond inconsciemment après être sorti de la séance d'hypnose. Une suggestion post-hypnotique est réputée être adressée à l'inconscient du sujet. Elle se manifeste ultérieurement et parvient à la conscience du sujet, mais généralement de manière incomplète. Seuls ses effets prennent un caractère d'évidence ; ses causes, c'est-à-dire les raisons pour lesquelles le sujet agit de telle ou telle manière, à moins que le thérapeute en décide autrement, restent inapparentes. Une suggestion post-hypnotique peut se montrer efficace longtemps après qu'elle ait été donnée. Il existe dans la littérature des exemples où se sont écoulées plusieurs années avant que la prescription ait été respectée. Dans un contexte thérapeutique, il est évident que ce type de « performance » n'est habituellement d'aucune utilité. Le thérapeute fera en sorte que ses suggestions portent leurs fruits, c'est-à-dire manifestent leurs effets, dans l'intervalle de temps qui va s'écouler jusqu'à la prochaine séance.

La prescription

La prescription correspond à la démarche du thérapeute qui, de manière plus ou moins appuyée, demande à son patient d'accomplir certains gestes (comme de prendre un médicament), ou certaines tâches. Dans le sens où elle est utilisée ici, la notion de prescription concerne exclusivement des comportements et des tâches. Même si elle en diffère et qu'elle n'est en rien spécifique de l'hypnose, la prescription donnée dans un « contexte hypnotique » m'a semblé avoir ici sa place. Le « contexte hypnotique » peut être déterminé par trois types de circonstances.

— Le thérapeute donne à son patient des prescriptions, en dehors du processus hypnotique, mais dans la même séance.

— Un thérapeute a utilisé l'hypnose avec un patient au cours d'autres séances et lui donne des prescriptions au cours d'une autre séance sans avoir induit un processus hypnotique.

— Le thérapeute est réputé utiliser un ensemble de techniques regroupées sous le terme d'« hypnose ».

Ces différents contextes sont susceptibles de « créer une attente ». Grâce à cette attente, les suggestions sont plus facilement reçues. La frontière entre suggestion post-hypnotique et prescriptions, en ce qui concerne leurs effets, est alors difficilement cernable. Ainsi, on peut appeler prescription l'ensemble, en même temps que chacune des tâches que le thérapeute donne à son patient entre chaque séance ([45], p. 87 et s.).

Les techniques

J'établirai ici une distinction entre le contexte de l'hypnose formelle et le travail qui peut se faire en dehors du processus hypnotique en lui-même. Pour autant, le thérapeute va pouvoir utiliser l'une et/ou l'autre de ces techniques, selon la spécificité de chaque situation.

La suggestion post-hypnotique

Pour être efficiente, la suggestion post-hypnotique doit répondre à un certain nombre d'exigences.

— Correspondre à des faits qui entrent dans la réalité immédiate du sujet. Par exemple, il serait inutile de prescrire un comportement qui entrerait trop immédiatement en conflit avec les valeurs morales du sujet.

— Les suggestions post-hypnotiques doivent être simples et clairement énoncées.

— Elles doivent toujours comporter une dimension homéostasique, c'est-à-dire se présenter, en grande partie, comme une prescription de symptôme.

— Elles doivent introduire très rapidement et de façon parfois très indirecte un changement dans la séquence qui correspond au déroulement du symptôme.

— La suggestion doit comporter une « zone » où le sujet puisse résister, c'est-à-dire un ou plusieurs éléments tout à fait secondaires auxquels le sujet désobéisse sans que pour autant l'essentiel, c'est-à-dire la dynamique du changement ainsi mise en place, soit remis en question.

— Une composante relationnelle doit en faire partie. Cela signifie la présence d'un ou de plusieurs éléments qui provoquent l'implication d'autres personnes dans le processus de changement.

— Enfin, et surtout, la suggestion post-hypnotique exige d'être « recouverte » par une amnésie. Sans cela la mobilisation qu'elle cherche à produire risque d'être « contaminée » par une critique consciente ; il en résulterait une perte d'efficacité et de pertinence.

A ces règles précises, il me paraît utile d'en adjoindre une autre d'une tonalité beaucoup plus générale : plus une suggestion post-hypnotique s'éloigne du symptôme et plus elle prend en compte la situation et la personne ; plus elle permet au processus de changement de prolonger ses effets au-delà de la thérapie.

La prescription

Les techniques de prescription correspondent, pour l'essentiel, à celles qui ont été énoncées à propos de la suggestion post-hypnotique à ceci près que le patient est en mesure de critiquer « consciemment » leur forme et leur contenu. Aussi ces deux éléments seront-ils, au risque de la répétition, de nouveau précisés :

La forme

— La prescription doit être réalisable par le patient.

— Elle doit être facilement compréhensible et précise dans son énoncé.

— Le thérapeute doit se montrer très obsessionnel en ce qui concerne les différents éléments qui constituent la prescription. Ainsi, par exemple, si la prescription comporte des tâches bien spécifiques à réaliser tout au long de la journée, les heures doivent en être scrupuleusement indiquées.

— La prescription peut être simple ou multiple. Dans ce dernier cas, elles mêleront prescriptions de symptôme, prescriptions relationnelles, prescriptions paradoxales et prescriptions banales ([45], p. 107).

— Les prescriptions peuvent éventuellement être prises en note par le patient, surtout si elles sont multiples.

Le contenu

— Leur contenu peut être variable :

• prescription de symptôme ([5], voir cet article). La prescription de symptôme comporte plusieurs variantes. La plus facile à utiliser me semble être la prescription de comportement : il s'agit de prescrire un élément, quelquefois tout à fait banal et anodin, de la séquence qui aboutit au symptôme ;

• prescription paradoxale s'adressant directement à l'inconscient du sujet (proche de la précédente) ;

• prescription relationnelle, mettant en jeu une ou plusieurs personnes de l'entourage immédiat du patient ;

• prescription contextuelle, mettant en jeu le contexte du patient : voisinage, milieu professionnel... ;

• prescription banale qui ne comporte aucun effet de changement immédiat et sur laquelle le patient peut résister.

— Le choix du contenu dépend du symptôme et du patient. Aucune prescription ne devrait être répétée pour des patients différents : à chaque patient et à chaque situation sa prescription spécifique.

— Le thérapeute ne doit jamais accepter les discussions que le patient peut chercher à provoquer autour de ces prescriptions. Il n'a pas à justifier ses choix et ses prises de position ni à accepter des marchandages.

— Le thérapeute, au début de la séance qui suit celle où il a donné ses prescriptions, ne va pas systématiquement faire le bilan de ces prescriptions. Ce qui importe n'est pas le respect de ces prescriptions mais les changements qu'elles peuvent provoquer même sans avoir été scrupuleusement respectées.

Utilisation clinique

L'utilité clinique des suggestions post-hypnotiques et des prescriptions tient dans le fait que ces deux techniques participent directement au processus thérapeutique. J'étudierai en détail dans le chapitre 10 l'emploi de ce processus thérapeutique dans l'hypnose. Trois notions doivent cependant d'emblée être mises en exergue.

La complexité des interventions du thérapeute

Il est actuellement difficile pour un thérapeute, contrairement à ce qui se produisait dans l'hypnose classique, de conduire une thérapie par l'hypnose uniquement avec l'utilisation de suggestions post-hypnotiques. La complexité même de la notion de changement ne lui permet plus de prétendre réduire son intervention à la simple disparition du symptôme. Ainsi me paraît-il évident qu'une thérapie par l'hypnose doit permettre d'aménager à la fois des interventions de type « suggestions post-hypnotiques » et des interventions de type « prescriptions » telles que je les ai décrites.

Le caractère paradoxal des interventions thérapeutiques

Les techniques de communication hypnotique permettent au thérapeute de gérer plusieurs niveaux logiques. La rencontre « inopinée » de deux, ou plus, de ces niveaux logiques peut se produire dans les interventions du thérapeute. C'est là qu'elles peuvent trouver leur caractère paradoxal. S'il est un paradoxe fréquent dans la technique hypnotique, c'est bien celui qui concerne le symptôme. En cela la prescription de symptôme fait partie de toute démarche thérapeutique. Historiquement,

Erickson peut être considéré comme un de ceux qui ont été les premiers à utiliser une telle méthodologie. Ce qui caractérise en effet ses suggestions post-hypnotiques et ses prescriptions est qu'elles jouaient fréquemment avec les paradoxes de la communication.

La notion de stratégie

Face à la stratégie du patient, et de son entourage, qui consiste à demander un changement tout en refusant ce changement, le thérapeute doit développer sa propre stratégie qui tienne compte des multiples éléments qui entrent en jeu dans l'interaction thérapeutique. La spécificité des techniques d'hypnose est qu'elles concernent la communication, c'est-à-dire la complexité de cette interaction. Un thérapeute qui connaît les techniques d'hypnose ne peut éviter de les utiliser sans pour autant nécessairement chercher à induire une transe chez son patient. C'est cette « hypnose sans hypnose » [45] qui permet de mieux construire cette stratégie.

Questions concrètes

Est-ce qu'une suggestion post-hypnotique dont le patient se souvient reste efficace ?

De façon générale, dans un tel cas, le sujet va pouvoir critiquer la suggestion qui perd ainsi toute sa valeur en termes de changement. Ce mécanisme sera d'autant plus vrai que la suggestion post-hypnotique s'« attaque » directement au symptôme. On comprend ainsi la valeur des techniques directes et de l'amnésie dans l'hypnose classique. *A contrario*, plus une prescription (simple ou post-hypnotique) est paradoxale, moins elle perd de sa force lorsqu'elle peut être critiquée par le patient.

Une personne mal intentionnée peut-elle faire des prescriptions post-hypnotiques contraires à la morale ?

Elle peut toujours tenter de les faire ; il est extrêmement peu probable qu'elles soient suivies d'effets. Si c'était le cas, il m'apparaît évident que la suggestion n'est pas l'élément déterminant. Comme je l'ai expliqué dans le premier chapitre, l'hypnose est une auberge espagnole : les valeurs morales et leurs limites sont celles du sujet et celles du thérapeute.

9

EXEMPLES DE SÉANCES D'HYPNOSE

Trois exemples de séances d'hypnose seront développés ici. Ils correspondent à des situations habituellement rencontrées dans un contexte thérapeutique. Les interventions du thérapeute aussi bien que les réponses ou les prises de position du sujet seront commentées. A l'évidence, le texte ne peut à lui seul rendre compte de la complexité des interactions qui se développent au cours d'une séance d'hypnose. Un commentaire bien plus riche pourrait être fait de tous les éléments non verbaux qui s'y manifestent.

Catalepsie et lévitation du bras

Il s'agit ici de la troisième séance d'hypnose pour un sujet qui présente des symptômes phobo-obsessionnels. La stratégie du thérapeute sera donc très prudente.

Thérapeute. — Est-ce que vous avez gardé des souvenirs de la séance précédente ?

Le thérapeute propose d'emblée au sujet de se resituer dans une expérience hypnotique précédente. Cela permet de gagner bien du temps, tout en respectant l'orientation à la réalité de ce sujet.

Sujet. — Oui, c'était très agréable.
T. — C'était très agréable. Pensez-vous être capable de retrouver... rapidement ou lentement... les sensations que vous avez déjà connues dans ce fauteuil ?

L'évocation se fait encore plus précise et légèrement teintée de confusion par ce choix illusoire entre la rapidité et la lenteur.

S. *(hésitant)*. — ... Oui.

Cela explique l'hésitation du sujet.

T. — Oui...
S. — Vous voulez dire entrer en état d'hypnose ?

Par cette question, le sujet manifeste son accord à ce qu'effectivement un processus hypnotique s'installe pour lui.

T. — Entrer en état d'hypnose... peut-être... à un moment ou à un autre... au fait... est-ce que vous êtes confortable... ou est-ce que vous ne savez pas encore à quel moment vous allez... laisser cette lourdeur s'installer dans la paupière droite... ou la paupière gauche... ou les deux...

Le thérapeute, cependant, tient à suivre une procédure logique dans la séquence suivante : détente, fermeture des paupières..., etc. D'une certaine manière, il temporise l'avidité du sujet à retrouver ce qu'il a initialement qualifié d'expérience agréable.

S. *(sourire, le sujet mobilise son corps et son visage pour visiblement résister à la proposition du thérapeute).*
T. — ... et c'est tellement important de mieux ajuster votre corps dans ce fauteuil...

La ratification du thérapeute rassure le sujet en même temps qu'elle actualise une sensation de mieux-être. Même cette attitude de résistance qui consiste à mobiliser le corps est recadrée par le thérapeute comme étant un élément de coopération.

S. — ...
T. — ... mais vous pouvez également prendre plaisir à résister...

à cette idée même... si vous ne savez pas encore comment... vous allez... [pause]... accepter cette lourdeur et... ce confort... au fait... [pause]... est-ce que vous êtes sûr d'avoir les yeux ouverts ?

Le thérapeute « permet » constamment au sujet de résister. Cette résistance est artificiellement liée à la construction d'une attente dans une logique qui mêle les paradoxes et les contradictions.

S. *(le sujet cligne les paupières et laisse quelques secondes ses yeux fermés).*

Le clignement des paupières, qui est un phénomène naturel et spontané, est repris par le thérapeute. De son côté, le sujet n'a pas d'autres possibilités que de fermer les paupières afin de répondre à la dernière question du thérapeute. Celle-ci répond également à une logique paradoxale.

T. — ... c'est bien... et vous pouvez à chaque instant utiliser votre voix... et les mots dont vous pouvez vous servir... pour partager votre expérience...

Le sujet peut avoir l'impression de « lâcher » quelque chose par cette fermeture des paupières même tout à fait transitoire. Il peut même déjà penser que, bientôt, il les fermera complètement. C'est la raison pour laquelle le thérapeute installe rapidement la possibilité d'une rétroaction verbale.

S. — Humm...
T. — ... et en même temps que vous pouvez accepter cette... *lourdeur*... dans vos paupières...

La technique de saupoudrage permet ici d'induire le moment précis où cette fermeture des paupières se produit.

S. *(les paupières se ferment).*
T. — ... voilà, c'est bien... vous pouvez... à un moment ou à un autre... retrouver cette sensation dans votre main droite... retrouver cette sensation de légèreté...

Ce premier résultat obtenu est « lié » immédiatement à un autre phénomène hypnotique. Les sensations correspondant à une précédente séance sont constamment évoquées.

S. — ...
T. — Au fait, est-ce que vous êtes confortable ?

L'utilisation de la rétroaction verbale du sujet est vérifiée par le thérapeute.

S. — Oui *(faiblement)*.
T. — ... et c'est tellement agréable d'être confortable...

Le truisme renforce indirectement le confort du sujet.

S. — ...
T. — ... et vous pouvez déjà prévoir ce qui va se passer... même si vous ne savez pas encore ce dont je veux parler... et votre inconscient le sait déjà...

Le thérapeute peut s'engager maintenant plus avant dans le processus qui lui permet de construire une catalepsie du bras. La dissociation est constamment renforcée.

S. *(léger sourire)*.

La partie observatrice du sujet préjuge fort bien de la suite. Dans ce sourire, le thérapeute trouve une raison de penser que le sujet se trouve en état de dissociation. Il arrive souvent que le fait même que le mot « inconscient » soit utilisé induise cette dissociation chez le sujet. Il s'agit, en quelque sorte, d'une véritable suggestion post-hypnotique.

T. — ... vous pouvez savoir que dans un moment... je vais saisir votre poignet... et vous n'avez pas besoin d'être dérangé... de la même façon que vous pouvez ressentir encore mieux cette sensation dans votre main droite... et vous pouvez simplement... au fait est-ce que vous êtes confortable ?

Cette fois-ci, la catalepsie est clairement annoncée.

S. *(signe affirmatif de la tête)*.
T. — ... et c'est tellement agréable d'être confortable... et il y a cette détente dans votre main gauche... *(Le thérapeute saisit le poignet droit du sujet pour élever la main et l'avant-bras à la hauteur de son visage.)*... Voilà, c'est bien... c'est très bien... simplement cette légèreté... et vous pouvez y prendre plaisir...

Au moment de saisir le poignet droit du sujet, le thérapeute focalise l'attention du sujet sur les sensations provenant de sa main gauche.

S. *(la tête du sujet se penche légèrement vers la droite, alors que sa main droite reste placée là où le thérapeute l'a laissée)*.

La réponse involontaire du sujet consiste en ce mouvement de la tête vers la main droite. Tout se passe comme si l'intérêt du sujet se portait vers l'ensemble des sensations et des phénomènes qui s'y manifestent.

T. — ... et il y a ce mouvement de votre tête vers... la légèreté de cette main droite...

Cette réponse involontaire est elle-même ratifiée.

S. *(le mouvement de la tête se fait maintenant vers la gauche).*

Dans un premier temps, le sujet a manifesté involontairement son intérêt pour ce qui pouvait se produire dans sa main droite. Lorsque la dissociation s'est installée, le mouvement de la tête se fait dans le sens opposé.

T. *(le thérapeute se penche sur le côté pour être face à la main droite du sujet)*... est-ce que votre main droite est confortable ?
S. — Oui *(faiblement).*
T. — Oui... *(Il se déplace de nouveau pour être maintenant face au sujet.)*... et est-ce que votre main gauche est bien détendue ?
S. *(signe affirmatif de la tête).*
T. — Humm... c'est bien...

Les interactions qui précèdent résument l'ensemble des phénomènes qui viennent de se manifester dans l'expérience du sujet.

S. — ...
T. — ... et peut-être qu'à un moment ou à un autre... votre inconscient mettra encore plus de légèreté dans cette main... et de la détente dans votre main gauche... de plus en plus de détente...

Par cette suggestion, le thérapeute transforme la catalepsie en une lévitation de la main. Cette légèreté est mise en opposition avec la détente de la main gauche, c'est-à-dire une plus grande lourdeur encore.

S. *(la main droite se mobilise légèrement et se rapproche insensiblement du visage du sujet).*
T. — ... voilà, c'est bien... c'est très bien... encore plus de détente... dans cette main gauche... vers votre visage...

Les deux sensations sont mêlées pour mieux se renforcer.

S. *(la main droite se rapproche de plus en plus du visage du sujet).*

Cette phase peut être angoissante pour le sujet, car il manque d'informations quant à la position relative de sa main et de son visage. Cela est dû à la fois au processus de la dissociation ainsi qu'à la saturation des récepteurs proprioceptifs des articulations du coude et de l'épaule.

T. — ... c'est bien... et vous ne savez pas à quel moment... ni à quel endroit cette main va toucher votre visage... peut-être le menton... peut-être le cou... peut-être votre joue droite... peut-être votre nez... peut-être un autre endroit encore...

Le thérapeute ouvre un certain nombre de possibilités pour aider le sujet à se préparer au résultat de cette lévitation.

S. *(la main ralentit son mouvement saccadé à mesure qu'elle se rapproche du visage).*

Par expérience, le thérapeute sait que la main du sujet va ralentir son mouvement à l'approche de son visage, il va ratifier cette phase pour éviter qu'elle ne soit éventuellement angoissante pour le sujet.

T. — ... et cela peut être agréable de ne pas savoir... tout en sachant que votre inconscient connaît la réponse... car vous savez que vous pouvez faire confiance en votre inconscient...

Le recadrage positif vient redéfinir cette hésitation.

S. — ...
T. — ... et il en est ainsi lorsque quelque chose change... vous pouvez hésiter et craindre d'aller jusqu'au bout... de la même façon que vous ne savez pas encore quelle partie de votre visage... votre main droite va toucher en premier... mais vous savez déjà que votre tête peut montrer ce léger mouvement vers l'avant...

Ainsi l'ensemble de ce mouvement est métaphorisé pour devenir une image de la thérapie elle-même, c'est-à-dire de toute situation de changement. Le thérapeute sait également par expérience que, dans ce type de situation, le sujet baisse légèrement la tête, généralement sans en être conscient. Il ratifie ce phénomène.

S. *(après s'être arrêtée, la main se mobilise de nouveau).*

L'ensemble de ces suggestions permet à la main de reprendre son mouvement.

T. — ... et vous allez bientôt savoir... c'est tellement agréable de savoir...

S. *(le bout des doigts touche le menton).*
T. — ... voilà, c'est bien... vous savez maintenant... et votre inconscient vous a appris comment savoir...

Tout le crédit des phénomènes qui se manifestent est mis au compte de l'inconscient du sujet.

S. *(la main du sujet reste fixée sur son visage).*
T. — ... et de nouveau votre inconscient peut remettre un peu de lourdeur dans cette main...
S. *(très léger mouvement de décollement de la main droite).*
T. — ... et peut-être vous pouvez être curieux de ce qui se passe de ce côté-là... *(Le thérapeute saisit le poignet gauche du sujet pour placer la main, l'avant-bras et le bras dans la position où était précédemment la main droite avant qu'elle ne se mobilise vers le visage du sujet).*

Pour faciliter la mobilisation de la main droite vers le bas, le thérapeute induit une catalepsie de la main gauche. Par un mouvement de balancier, comparable à celui des deux bras au cours de la marche, la main droite va maintenant pouvoir descendre plus facilement.

S. *(la main gauche est en catalepsie).*
T. — ... voilà, c'est bien... c'est très bien...
S. *(le mouvement de la main droite s'accélère).*
T. — ... et il y a maintenant cette légèreté dans votre main gauche... et cette légère lourdeur dans votre main droite... et vous pouvez vous poser la question de savoir si elles vont se toucher...

L'ensemble des deux mouvements est récapitulé. Étant donné la pauvreté des informations que possède le sujet sur la position relative de ses deux bras, il peut effectivement se poser la question de leur contact éventuel.

S. *(les deux mains sont à peu près au même niveau).*
T. — ... et cela peut être facilement résolu...
S. *(expression interrogative sur le visage du sujet).*
T. — ... et vous ne savez pas encore... mais votre inconscient va vous aider... et vous ne savez pas encore comment... il peut mettre encore plus de lourdeur dans cette main droite...

Là également, ces mouvements sont « accélérés » par un double lien thérapeutique. Dans l'un et l'autre cas, ils ne peuvent que résoudre le problème (par la continuation du mouvement) soulevé par le thérapeute (leur contact éventuel).

S. *(la main droite descend, alors que la main gauche s'élève légèrement).*
T. — ... voilà, c'est bien... maintenant vous savez... et c'est tellement agréable de savoir... *(le thérapeute prend le poignet droit et pose la main sur la cuisse droite du sujet)*... et d'apprendre quelque chose de nouveau... même si vous ne savez pas encore comment cela peut vous être utile... mais cela n'a pas d'importance... est-ce que vous êtes toujours confortable ?

Là encore, l'inconscient est crédité de ce nouveau changement. A ce point, le thérapeute aide le sujet à parcourir un chemin « à rebours ». La précédente catalepsie du bras droit est « annulée » par le thérapeute lui-même. De même, il pose de nouveau la question du confort du sujet.

S. — Oui *(faiblement)*.
T. — C'est bien. A un moment ou à un autre... à sa vitesse... votre inconscient peut remettre un peu de détente dans cette main gauche... d'abord lentement...

Ce n'est pas la lourdeur qui est évoquée pour la main gauche mais, comme précédemment, la détente. Pour cette main, ces deux termes correspondent au même phénomène.

S. *(léger mouvement de la main gauche)*.
T. — ... voilà, c'est bien... d'abord lentement... et lorsque votre main gauche touchera le bras gauche de ce fauteuil... ou votre cuisse gauche...

Le thérapeute prépare le réveil du sujet de deux manières : par l'implication contenue dans le « d'abord lentement », mais également dans les pauses entre les différents membres de phrases. L'attente est ainsi créée, car le sujet ignore ce qui se produira lorsque la main gauche touchera le bras du fauteuil ou sa cuisse.

S. *(la main gauche redescend avec un mouvement saccadé)*.
T. — ... et votre inconscient met ce mouvement saccadé dans votre main gauche... voilà, c'est bien... lorsque votre inconscient vous aura appris quel endroit votre main gauche va toucher en premier... voilà, c'est bien... et j'aimerais vous demander quelque chose... avant de vous réveiller complètement...
S. — Oui...
T — ... Êtes-vous d'accord...
S. — Oui...
T. — ... oui... j'aimerais vous demander de penser... que vous n'êtes pas en état d'hypnose actuellement... est-ce que cela vous paraît possible ?

Cette suggestion post-hypnotique est la plus paradoxale qui soit.

S. — Oui...

Le caractère saccadé des mouvements de la main est ratifié car il peut éventuellement inquiéter le sujet.

S. *(la main continue à descendre).*
T. — ... vous pourrez prendre deux ou trois respirations profondes... avant d'ouvrir vos paupières... oui c'est bien...

Un élément inévitable, la respiration, présentée comme un choix illusoire, ainsi que l'alternative entre deux ou trois, sont liés au réveil qui est rendu ainsi beaucoup plus prédictible.

S. *(la main n'est pas loin de toucher le bras du fauteuil).*
T. — ... et revenir dans cette pièce tout à fait... oui c'est bien... détendu et reposé...

Ces dernières suggestions fonctionnent comme des suggestions post-hypnotiques. Elles renforcent le caractère agréable de l'ensemble de l'expérience.

S. *(la main se pose sur le bras du fauteuil, le sujet respire profondément avant d'ouvrir les paupières).*
T. — Bonjour ! *(d'un ton ferme).*

Le thérapeute change radicalement le ton de sa voix pour bien manifester la fin de la transe hypnotique. Il s'agit de reprendre en quelque sorte un type de relation social.

S. — Bonjour ! *(encore faiblement).*

Il faut habituellement quelques minutes au sujet pour reprendre effectivement « tous ses esprits ».

T. — Est-ce que vos mains sont revenues ?

Étant donné que la majeure partie des interactions ont concerné les mains du sujet, il importe que le thérapeute vérifie bien le fait qu'elles ne sont pas l'objet de phénomènes comparables à des suggestions post-hypnotiques.

S. — Oui... ça va merci.
T. — Vous me parliez d'état d'hypnose ?

Par cette question le thérapeute réactualise l'interaction qui s'est déroulée entre lui-même et son sujet dans les quelques moments qui ont immédiatement précédé l'induction proprement dite. Cela facilite l'installation d'une amnésie.

S. — Comment ?

Le sujet reste confus à la fois face à cette question assez « paradoxale », mais également parce qu'il n'est pas encore tout à fait « réveillé ».

T. — ... Vous avez été en état d'hypnose ?
S. — ... je ne sais pas... il s'est passé des choses... dans les mains...

Le thérapeute vérifie la suggestion post-hypnotique.

T. — Dans les mains. Elles sont bien revenues ? Bien confortable ?

Le thérapeute réitère sa question à propos des mains du sujet. Cependant, il est évident que ce n'est pas tant la réponse qui importe ici que le fait qu'elle soit posée est qu'ainsi le sujet soit mieux réassocié.

S. — ...
T. — Oui ?
S. — Je me sens bien.
T. — Vous vous sentez bien. C'est bien.

Cette fois-ci, le sujet peut répondre plus clairement et revenir tout à fait avec une présence d'esprit et une immédiateté des sensations qui correspondent à un état d'éveil banal.

Lévitation de la main et régression en âge

Le patient attend ici beaucoup de progrès d'une seule séance d'hypnose. Sa culture et sa curiosité font qu'il a besoin, dans une certaine mesure, d'assister à ce dont il est également l'acteur. Son problème concerne essentiellement son impossibilité à s'engager dans une relation de couple.

T. — J'aimerais que vous puissiez permettre à une partie de vous-même de rester parfaitement vigilante par rapport à ce qui va se passer pour vous maintenant. Est-ce que cela vous paraît possible ?

Avec un sujet particulièrement résistant, comme celui-ci, le thérapeute peut choisir la stratégie de lui proposer de rester vigilant, ou plutôt, qu'une partie de lui-même reste vigilante, ce qui pose d'emblée la démarche du thérapeute en termes de dissociation. Il s'agit là en quelque sorte d'une prescription de comportement présentée, de plus, sur un mode tout à fait permissif.

S. — Oui, bien sûr.

La réponse du sujet ne peut que traduire sa disponibilité.

T. — Est-ce que vous avez chaud ou froid... Est-ce que vous êtes plutôt tendu ou *détendu*... Est-ce que vous êtes suffisamment vigilant... ? J'aimerais que vous restiez parfaitement vigilant... et que vous portiez suffisamment attention à ce que je peux vous dire... [pause]... ou ne pas vous dire.

La suite des questions, présentées sous la forme d'alternatives, surcharge la vigilance du sujet en même temps que naissent la confusion et la dissociation. L'accent est, par ailleurs, mis sur le mot « détente », ce qui s'oppose à la vigilance. Enfin, la pause crée une rupture entre la communication adressée au conscient et celle qui mobilise les ressources inconscientes.

S. — Humm...

En conséquence, la réponse est cette fois beaucoup moins assurée.

T. — Oui... Vous vouliez me dire quelque chose... ?

Le thérapeute, par cette question, permet au sujet de résister par la réponse négative qui est ainsi induite.

S. — Non, ça va...
T. — Vous n'êtes pas sûr ?

De nouveau, le doute est introduit en alternance avec la négation.

S. — Humm...
T. — Ou peut-être n'êtes-vous pas très sûr... de ne pas bien savoir ce que vous ne m'avez pas encore dit ?

La succession des négations augmente la confusion et s'allie la résistance du sujet. L'ensemble de l'interaction, jusqu'à ce point, constitue un bon exemple du travail avec la résistance d'un sujet.

P. — Humm...
T. — Et est-ce que vous pouvez laisser répondre... la partie de vous-même qui reste vigilante ?

Cette résistance maintenant « travaillée », c'est la dissociation qui est alors reprise de manière assez directe en réactualisant la première proposition du thérapeute.

S. — Répondre à quelle question ?

Le sujet commence à montrer sa confusion, car il est davantage « pris » dans le processus de dissociation que par la question précédemment émise par le thérapeute. Ce sujet montre d'emblée une certaine capacité d'amnésie qui pourra être ultérieurement utilisée par le thérapeute.

T. — C'est bien, je vois que vous restez vigilant.

Cette confusion est connotée positivement et, paradoxalement, dans la vigilance que le thérapeute ratifie de cette manière. La confusion autant que la vigilance sont utiles pour le sujet et pour le thérapeute.

S. — Humm...

Le doute domine chez le sujet, bien qu'il ait encore besoin de rester vigilant. Encore une fois, cette apparente contradiction tient au fait qu'il passe d'une phase de résistance à une phase de dissociation.

T. — Est-ce que vous voulez expérimenter autre chose ?... Est-ce que cela vous intéresse ?

Cette question comprend d'abord une implication, c'est-à-dire le fait que le sujet a déjà expérimenté quelque chose au cours de ces premiers échanges. Le thérapeute, avant d'aller plus loin, demande l'aval du sujet.

S. — Oui.
T. — Oui, c'est bien.
Est-ce que votre main droite est moins vigilante... que votre main gauche ou l'inverse... [pause]... ou est-ce que vous ne savez pas encore ?

Toujours en congruence avec la dissociation jusqu'ici évoquée, le thérapeute va permettre au sujet de « placer » cette dissociation entre lui-même et une de ses deux mains. Pour cela, il le met d'abord dans un choix illusoire (main droite/main gauche) en créant de plus une attente sur l'existence d'un tel phénomène. On pourrait supposer que le sujet puisse facilement critiquer une telle proposition mais tout le travail qui a été fait jusqu'à présent a consisté en une dépotentialisation de son « cerveau gauche ».

S. — La gauche, je crois...

C'est donc la main gauche qui reste vigilante. En acceptant cette possibilité, encore une fois un peu étrange, le sujet y voit la possibilité d'assister à sa propre séance d'hypnose en restant vigilant, tout au moins en partie.

T. — La gauche, croyez-vous...
S. — Humm...
T. — A quel moment pensez-vous que cette main droite vous permettra de ressentir... [pause]... une très *légère* sensation de *légèreté* ?

Le thérapeute peut penser que la forte implication contenue dans cette question aura l'effet qu'il escompte. A noter que c'est la main, qui s'autonomise, qui transmet cette sensation et non le sujet qui la perçoit. La répétition volontaire du mot « léger » renforce la possibilité qu'une telle sensation apparaisse. La focalisation, pour le sujet, passe de la main gauche à la main droite.

S. (...) *(hésitation)*.
T. — Peut-être votre main gauche peut vous aider à répondre à cette question.

Le thérapeute se sert de la main vigilante (un phénomène que le sujet ne peut nier) pour renforcer l'apparition d'un autre phénomène qui lui est hypnotique, c'est-à-dire involontaire. A chaque étape, le thérapeute construit sur la certitude de ce qui précède.

S. — Oui, peut-être ma main droite est-elle plus légère...
T. — Peut-être votre main droite est-elle plus légère... est-ce que c'est une sensation *agréable*... ou est-ce que c'est *confortable* ?

Pour éviter que cette expérience ne soit éventuellement désagréable pour le sujet, le thérapeute lui accole immédiatement un caractère agréable. La technique du choix illusoire renforce la prédictibilité du sujet.

S. — Oui... c'est agréable... un peu surprenant...
T. — Un peu surprenant... [pause]... Est-ce que cela n'est pas agréable de ressentir une surprise... ? ... Je crois que cette légèreté peut rester une sensation agréable... et qu'elle peut même se développer... et que votre main gauche peut rester parfaitement vigilante... vigilante comme vous souhaitez le rester... à votre manière... [pause]... Est-ce que cela vous convient ?

Le thérapeute récapitule ici l'ensemble des expériences pour leur donner une cohérence et une historicité dans le déroulement de la séance.

S. — Oui, ça va...
T. — Si vous le voulez bien, nous pouvons convenir... que votre main gauche reste parfaitement vigilante... et qu'elle peut vous aider à mieux ressentir encore... les expériences que votre main droite vous transmet... [pause]... peut-être d'abord plus précisément dans l'index de cette main...

De nouveau, la récapitulation pour renforcer et rendre plus prédictible la suite.

S. *(l'index de la main droite se soulève légèrement).*
T. — ... avant qu'un autre doigt... et encore un autre doigt... et encore un autre droigt...

Chaque phénomène est très immédiatement suivi et ratifié par le thérapeute.

S. *(les doigts de la main droite se soulèvent entraînant la main et l'avant-bras).*
T. — ... voilà, c'est bien... c'est très bien... Et à mesure que votre main droite accepte ce confort... le confort de cette légèreté... à mesure

que votre main gauche reste parfaitement vigilante... vous pouvez encore *mieux* ressentir d'autres sensations... [pause] ... Est-ce que cela vous intéresse ?

S. — Oui.

Le sujet a déjà appris avec ce thérapeute que chaque expérience est ponctué et qu'avant d'aller plus loin sa permission va être sollicitée.

T. — Oui... c'est bien...

S. *(la main droite se soulève lentement).*

T. — ... en même temps que cette légèreté s'installe dans votre main droite... ce mouvement dans votre coude et dans votre épaule droite... que cette vigilance reste dans votre main gauche... vous pouvez encore mieux laisser s'installer cette lourdeur dans vos paupières...

La cohérence du mouvement de la main droite exige que le thérapeute « permette » au coude et à l'épaule d'entériner la légèreté qui s'installe dans la main et l'avant-bras. La légèreté de cette main est mise « en balance » avec un nouveau phénomène, la lourdeur des paupières. Autrement dit, plus la main est légère, plus les paupières peuvent devenir lourdes.

S. *(papillonnement des paupières en même temps que la main s'élève plus haut encore).*

T. — ... peut-être d'abord la *paupière gauche*... [pause]... ou la paupière droite...

Ici la technique de confusion permet à cette lourdeur de mieux s'installer car, à l'évidence, un individu habituellement ferme les deux paupières en même temps. Cependant, l'évocation de cette opposition droite/gauche, en référence avec ce qui s'est passé pour les deux mains, facilite ce double mouvement.

S. *(les paupières se ferment).*

T. — ... voilà, c'est bien... sur vous... [pause]... complètement... et en même temps qu'il y a cette vigilance... vous pouvez mieux suivre ma voix là où elle peut vous accompagner... et rester parfaitement en mesure de répondre aux questions que je peux vous poser...

Pour que le sujet accepte mieux la fermeture de ses paupières, la vigilance est immédiatement évoquée en même temps que la voix du thérapeute qui reste dès lors pour le sujet le lien le plus utile avec le monde extérieur. La rétroaction est également immédiatement construite.

S. *(la main se stabilise à hauteur de la poitrine).*

Cette main qui se stabilise dans une position probablement assez confortable pour le sujet, stabilise également l'état de transe.

T. — ... voilà, c'est bien... avec le confort... et vous pouvez penser à une chose... à une autre chose... ou à une autre chose encore... je n'ai pas besoin de connaître les images... ou les sons... ou les couleurs... ou les formes... [pause] ... l'important est que ces sensations vous appartiennent... et qu'elles fassent partie de ce que vous expérimentez en ce moment... voilà, c'est bien...

Un certain nombre d'expériences sensorielles sont alors évoquées par le thérapeute. Celui-ci se met également en position basse (je n'ai pas besoin de...) pour mieux en assurer l'apparition. L'actualité de l'expérience est mise en valeur, tout en introduisant également la notion de temps et préparant ainsi la régression en âge.

S. — (...).
T. — ... au fait, est-ce que vous êtes confortable ?

Dès que la possibilité d'une expérience nouvelle est introduite, le thérapeute évoque le confort de l'ensemble du vécu du sujet.

S. *(léger signe affirmatif de la tête).*
T. — ... c'est bien... et la partie de vous-même qui reste vigilante... peut vous permettre de mieux vivre encore... cette expérience... et cette partie de vous-même peut se détacher de vous pour vous observer...

La dissociation est en quelque sorte « étendue ». Elle existait précédemment entre le sujet et la main droite (légère) et la main gauche (vigilante). Elle va maintenant se situer entre le sujet et une partie de lui-même qui l'observe et donc reste vigilante. Cette vigilance parcourt toute la séance, elle garantit le compromis qui a été initialement passé entre le thérapeute et son sujet.

S. *(léger sourire sur le visage du sujet).*

Le fait même que le sujet sourit démontre qu'il est dans un état de dissociation, car il a le même recul envers les propositions du thérapeute que celui qu'il a envers lui-même.

T. — ... peut-être avec un certain amusement... car nous sommes en mai... et dans quelques semaines... les vacances... [pause] ... et il y a eu pour vous beaucoup de mois de mai...

Ce sourire est immédiatement ratifié. Le lien est brutalement établi (sous la forme d'un coq-à-l'âne) entre ce sourire (indubitable), le fait que la séance ait lieu au mois de mai (indubitable) et la suite de la séance pour en augmenter la prédictibilité. La référence au temps s'impose de nouveau d'autant plus que le sujet peut se demander quel est le sens que peut prendre ce rappel du mois de mai.

S. *(détente du visage).*

Très rapidement, le sujet est « repris » dans le déroulement de sa transe.

T. — ... et cette partie de vous-même... peut vous observer comme un enfant peut observer le tableau qui est devant lui... en classe... et il y a des formes... des couleurs... des sons... peut-être même des odeurs... l'odeur d'une classe...

Les classes de sensation évoquées plus haut prennent forme ici de manière à ce qu'elles puissent prendre un sens dans une situation de régression. Ces sensations sont reprises dans le même ordre mais dans une cohérence telle que c'est donc logiquement que le sujet peut « se voir » en classe lui-même étant un petit enfant. En l'occurrence, l'opérateur avait des raisons de penser que le sujet est davantage visuel qu'auditif.

S. *(les narines du sujet bougent insensiblement).*

L'odeur d'une classe de maternelle ou d'une classe primaire a pour chacun de nous une signification toute particulière. Le sujet, involontairement, répond à cette suggestion du thérapeute par son langage non verbal.

T. — ... oui, c'est bien... il y a ces odeurs... peut-être même cet enfant a un visage qui vous est familier... [pause] ... même si cela n'est pas encore tout à fait clair...

Cela permet au thérapeute d'aller plus loin encore dans le processus de dissociation et donc dans la régression en âge.

S. *(plissement du front).*

Peut-être est-il allé un peu vite, ce que manifeste le sujet dont le rythme n'est probablement pas respecté ici.

T. — ... et vous pouvez vous observer vous-même... en laissant une partie de vous-même dans ce fauteuil... et une autre en classe... devant ce tableau... avec les formes... les couleurs... les sons... les odeurs... et ma voix qui peut se transformer en d'autres voix... en d'autres sensations...

Le thérapeute revient un peu en arrière en reprenant certaines des propositions qu'il avait faites précédemment. De même, il « rassure » le sujet en réactualisant sa voix dans l'expérience de régression.

S. *(profonde inspiration et expiration du sujet).*

De cette manière le sujet manifeste qu'il tourne, en quelque sorte, une page et qu'il s'installe encore mieux dans la transe par le confort qu'il trouve dans ces mouvements respiratoires.

T. — ... voilà, c'est bien... toujours confortable ?
S. *(signe affirmatif de la tête).*

Le thérapeute s'assure du confort du sujet.

T. — ... et sur ce tableau... devant vos yeux d'enfant... le plaisir d'*apprendre* chaque jour des choses nouvelles... d'*apprendre* à lire et à écrire... d'*apprendre* les chiffres... d'*apprendre* qu'un « b » est différent d'un « d »... qu'un « m » est différent d'un « n »... qu'un « 7 » est différent du « 1 »...

Le contexte d'apprentissage est réactualisé par le thérapeute grâce à la technique de saupoudrage.

S. — ...
T. — ... au fait, est-ce que vous êtes en train d'écrire de la main droite ou de la main gauche ?...

Par un effet de surprise, le thérapeute ramène l'expérience hypnotique présente dans la situation de régression en âge pour mêler les deux contextes. Il redéfinit ainsi tout ce qui a jusque-là concerné une différence entre la main droite et la main gauche. Cette différence prend une tonalité nouvelle lorsqu'elle est replacée dans le contexte scolaire.

S. — ...
T. — ... ou est-ce que vous ne savez même pas encore écrire ?

Devant l'absence de réponse claire du sujet, le thérapeute ouvre une autre possibilité.

S. *(léger sourire)*.

Le sourire montre ici l'apparition d'une expérience émotionnelle.

T. — ... oui...
S. *(faiblement)*. — La maîtresse vient de me gronder.

Par cette information que le sujet donne au thérapeute, la régression en âge est ratifiée.

T. — ... la maîtresse vient de vous gronder... et vous pouvez dire avec les mots des adultes... les émotions de l'enfant que vous êtes... et vous pouvez également retrouver les souvenirs en laissant de côté... les émotions moins agréables...

C'est au tour du thérapeute de ratifier cette régression en âge. Par ailleurs, il prend soin de permettre au sujet de dissocier les souvenirs des affects avant d'aller plus loin.

S. — ...
T. — ... et il y a beaucoup de manières d'apprendre... et l'on peut apprendre à l'école... comme le petit enfant que vous êtes le fait en ce moment... à sa manière... et l'on peut apprendre plus tard lorsqu'on est adulte... et le petit enfant ignore comment l'adulte peut apprendre... et l'adulte oublie facilement comment l'enfant apprend... est-ce que vous êtes toujours confortable ?
S. — Oui *(faiblement)*.

Dans cette situation, la régression en âge ne prend un sens que dans la mesure où elle est associée à une situation d'apprentissage.

T. — ... et le petit enfant que vous êtes... celui qui vient de se faire gronder par la maîtresse... pourra rencontrer un jour... plus tard... lorsqu'il sera un adulte... une situation où il pourra mieux comprendre... l'utilité de certains apprentissages... et toutes les différentes possibilités qu'il a d'apprendre... comme il apprend à lire... à écrire... à compter...

Cette situation d'apprentissage est constamment reliée au contexte de la séance.

S. *(plissement du front)*.

Par cet élément non verbal, le thérapeute peut estimer qu'un élément de la régression échappe au sujet. Il va donc interrompre sa propre logique pour interroger le sujet sur le contenu de son expérience. On voit ici l'importance de la qualité de la rétroaction.

T. — ... oui...
S. — ... sortir...

La réponse du sujet est très énigmatique : s'agit-il de sortir de la classe (à cause de la maîtresse), de la séance (à cause d'une expérience désagréable) ou d'un autre contexte encore, que le thérapeute ignore ?

T. — ... apprendre à sortir...

Par cette question, le thérapeute métacommunique l'enjeu de la situation ainsi que la réaction du sujet.

S. *(signe affirmatif de la tête)*.
T. — ... et la classe peut être terminée... peut-être même la journée de travail... comme le travail que vous faites en ce moment... et que votre main gauche peut vous faire comprendre... [pause] ... au fait, pourquoi la maîtresse vous a-t-elle grondé aujourd'hui ?...

Les différents contextes sont passés en revue en même temps qu'est redéfini le contexte de la séance (vigilance et apprentissage). Le thérapeute peut alors se permettre de poser la dernière question.

S. *(sourire)*.
T. — ... l'important est que vous l'appreniez et... le sachiez avec ce sourire sur votre visage... pour vous... car vous pouvez rester vous-même... dans cette situation... là-bas et ici...

Par son sourire, le sujet répond sans répondre, ce que le thérapeute respecte.

S. — ...
T. — ... et vous savez comment sortir de cette situation... là-bas et ici... [pause]... votre main gauche peut apprendre à votre main droite...

Le thérapeute va induire maintenant la « sortie » de la séance en respectant constamment la même séquence : la partie vigilante (la main gauche) a appris au cours de la séance quelque chose qu'elle peut maintenant apprendre à la partie « hypnotisée » (la main droite).

S. *(sourire, la main droite commence à redescendre)*.

Cette séquence est maintenant parfaitement comprise par le sujet.

T. — ... voilà, c'est bien... votre main gauche a appris à votre main droite... et en même temps que votre main droite se dirige vers votre cuisse droite... vous pouvez de nouveau revenir dans ce fauteuil... vous-même avec les mois de mai... quelques semaines avant les vacances... dans ce fauteuil...

La réassociation est induite aussi bien au niveau de l'expérience corporelle (les deux mains) qu'au niveau de l'expérience plus subjective qui correspond à la régression en âge. L'échelle du temps est ici remontée en sens inverse.

S. *(la main hésite avant de toucher la cuisse).*

Comme cela arrive fréquemment, le sujet a intégré le fait que la fin de la séance va correspondre avec le contact de la main avec la cuisse. Cette hésitation marque sa réticence à voir l'expérience se terminer.

T — ... et il faut un certain temps pour remonter... toutes ces sensations... toutes ces vacances... et retrouver complètement toute votre vigilance... et en même temps qu'il y a cette détente dans votre main droite... il peut y avoir cette légèreté dans vos paupières...
S. *(les paupières commencent à se soulever).*
T. — ... voilà, c'est bien... toute la vigilance dont vous êtes capable... à gauche et à droite...

La phase de réassociation se termine avant celle qui correspond au « réveil ».

S. *(la main droite est posée sur la cuisse droite... Dès qu'ils sont ouverts, le sujet se frotte les yeux).*
T. *(sur un ton tout à fait différent).* — Est-ce que votre main droite est bien revenue ?

Le thérapeute s'assure de la bonne qualité de la réassociation. Le fait que le sujet se soit frotté les yeux laisse à penser que la régression s'est essentiellement construite pour le sujet autour de sensations visuelles.

S. *(en la regardant).* — Oui, oui !

La réticence du sujet qui marquait le début de l'expérience s'est transformée en une tonalité ludique.

T. — Bien vigilant ?

S. *(avec un sourire et un ton assuré).* — Oui !
T. — Et c'est tellement utile d'apprendre à répondre aux bonnes questions.

Cette dernière proposition du thérapeute recadre le contexte de la séance en un contexte thérapeutique. En cela il reprend la seule question que lui a posée le sujet au tout début de la séance : « Répondre à quelle question ? »

Travail avec un sujet déprimé

Ce patient anxieux se plaint de dépression. Les échecs dans sa vie affective et professionnelle s'accumulent. Il est également possible qu'il ne revienne pas à une prochaine séance de thérapie.

T. — Avez-vous une idée de la façon avec laquelle vous vous détendez ?

Le thérapeute introduit ici d'emblée la possibilité pour le sujet de se détendre. Pour ce dernier, cet enjeu paraît réalisable.

S. — Non *(en hésitant).*

L'hésitation provient essentiellement du caractère inattendu de la question. D'emblée, le sujet se trouve confronté à la nécessité, pour y répondre, d'analyser une expérience « spontanée » (se détendre). Le thérapeute considère implicitement que cette situation relève donc de sa volonté ou de son contrôle.

T. — Quelle partie de votre corps détendez-vous en premier ?

Cette nouvelle question ne fait que renforcer le processus décrit précédemment.

S. — Je ne sais pas... Cela dépend.

La réponse du sujet peut difficilement être plus claire. En tout état de cause, cette réponse importe peu, à la différence du contexte d'attente et de recherche « inconsciente » que crée ce type de question.

T. — Vous ne savez pas... [pause] ... encore.

Le thérapeute ratifie ce contexte de « non-savoir », lequel correspond à une position basse du sujet. Très vite, cependant, il introduit un nouveau doute, une nouvelle possibilité. L'effet cumulé de ses trois interventions est d'augmenter la perplexité du sujet tout en préparant un niveau de dissociation entre une instance consciente, cherchant à répondre à ce genre de question, et une instance inconsciente, capable de gérer certains phénomènes de manière autonome.

S. — ...

C'est donc en toute logique que le sujet ne peut ici répondre verbalement à la dernière question, car elle n'appelle pas de réponse consciente.

T. — Vous pouvez, si vous le souhaitez, à un moment ou à un autre, ajuster votre corps encore *mieux* dans ce siège.

Le thérapeute abandonne alors le mode interrogatif pour proposer au sujet d'augmenter son confort d'une autre manière. Il emploie ici la technique de saupoudrage (les mots en italique sont légèrement détachés de ceux qui les précèdent et les suivent ; ils sont prononcés avec une légère variation dans le ton de la voix). Son intervention comporte deux implications : la première suppose que le sujet est déjà détendu, la seconde postule qu'il le sera encore davantage. Ces implications sont elles-mêmes enrobées dans ce qui se présente comme un choix illusoire. Enfin, l'ensemble augmente la prédictibilité du sujet, car le thérapeute sait, par expérience, que très fréquemment quelques minutes après le début d'une séance les sujets s'ajustent effectivement encore mieux dans leur siège.

S. *(le sujet bouge légèrement)*.

Il est dès lors très difficile pour le sujet d'échapper à un tel faisceau de suggestions. Il se « montre » donc prédictible pour le thérapeute et pour lui-même.

T. — Voilà, c'est bien. C'est tellement plus agréable d'être confortable. Au fait, est-ce que vous êtes *plus confortable*.

Sa réaction est immédiatement connotée positivement avant que le mot « agréable » ne vienne renforcer le confort. En même temps qu'il a bougé, le sujet a implicitement accepté l'amélioration de son confort. Dans ce même mouvement, le thérapeute lui a permis de répondre maintenant à ses trois premières questions.

S. — Oui, peut-être. Je ne sais pas.

La réponse du sujet est toujours aussi ambiguë. Elle marque bien son niveau de résistance par la position basse qu'il prend immédiatement ce qui est le propre du sujet déprimé.

T. — Est-ce que vous savez mieux maintenant de quelle manière votre corps se détend ?

Le thérapeute se permet cependant de reprendre sa question précédente. Mais, cette fois-ci, elle est formulée d'une manière un peu différente. Le sujet doit pouvoir dépasser une situation inconfortable, le début de la séance, dans l'expérience d'un plus grand confort. Il importe également que cette expérience soit sensorielle (le mouvement dans le siège). D'emblée, la séance d'hypnose s'inscrit ainsi dans le corps du patient.

S. — Peut-être d'abord les jambes.
T. — D'abord les jambes...

Le thérapeute reprend simplement les mots utilisés par le sujet. En retirant cependant le « peut-être », il donne plus de certitude à la sensation. Le ton de sa voix appelle une suite à la réponse du sujet.

S. — ...
T. — Oui...

Une sensation de confort appelle une autre sensation de confort. Le sujet a déjà besoin d'un certain temps pour répondre à mesure qu'il se focalise sur ses propres sensations.

S. — Oui, c'est ça les jambes... et ensuite les bras.
T. — D'abord les jambes et ensuite les bras... et le plus difficile est de détendre les épaules et le cou.

Dans la mesure où le thérapeute a effectivement l'impression que le sujet éprouve quelques difficultés à étendre cette sensation de confort, il ne doit pas hésiter à employer le mot « difficile ». Il a pu jusqu'ici rendre prédictibles les sensations que le sujet éprouve, en évoquant les épaules et le cou ; il laisse donc à penser que ces parties du corps peuvent « également » se détendre.

S. — Oui, c'est plus difficile.
T. — Comment pensez-vous y parvenir... aujourd'hui ?

L'implication, ici, est évidente. Le mot « aujourd'hui », relativement incongru, implique que l'expérience en cours peut prendre une signification particulière pour le sujet.

S. *(sourire)*.

Le sujet métacommunique par ce sourire ce qu'il a « compris » de la démarche du thérapeute, voire de sa technique, notamment en ce qui concerne les implications contenues dans ses propositions.

T. — Vous ne savez pas... [pause] ... encore.

Le thérapeute reprend alors exactement la même phrase que celle qu'il a utilisée précédemment.

S. — ...

C'est donc, ici également, avec beaucoup de logique que la réponse est la même.

T. — Je ne pense pas qu'il faille être complètement détendu pour... être en état d'hypnose.

Le thérapeute, comme il l'a déjà fait, définit une articulation dans l'échange en « glissant » légèrement d'un contexte à un autre. L'implication utilisée est extrêmement puissante. Elle introduit le doute dans l'esprit du sujet : « Suis-je ou non déjà en état d'hypnose ? » En même temps qu'il se pose cette question, il accepte d'être déjà détendu.

S. — ...

L'énoncé précédent n'appelle pas de réponse.

T. — Au fait, est-ce que vous êtes sûr d'avoir les yeux ouverts ?

D'une certaine manière, les interactions s'accélèrent en même temps que la confusion du sujet. Cette confusion est induite d'abord par les deux mots « au fait » qui, en toute logique, sont ici hors de propos, et ensuite par le contenu de la question qui peut paraître tout à fait incongrue.

S. — Oui *(hésitant tout en fermant et ouvrant rapidement les paupières)*, oui bien sûr.

Comme très fréquemment dans ce type de situation le sujet vérifie inconsciemment l'ouverture de ses paupières... en les fermant. Pour être certain qu'elles sont ouvertes, il faut d'abord les fermer. La répétition de sa réponse lui sert essentiellement à se rassurer lui-même.

T. — Vous êtes vraiment sûr... ou est-ce que vos paupières ne commencent-elles pas à *s'alourdir...*

Le thérapeute établit ici un lien, tout à fait artificiel, entre le doute que peut éprouver le sujet et l'autonomisation de ses paupières. Cela lui permet de rentrer plus avant dans un processus de dissociation. De plus, l'accent est mis sur le mot « s'alourdir ».

S. — Oui... peut-être.

Le doute de nouveau s'impose, mais il constitue une étape maintenant habituelle... avant la certitude.

T. — ... à *se détendre* ?

Les sensations d'alourdissement et de détente sont accolées pour la première fois, ce qui renforce la possibilité d'une fermeture des paupières puisque la détente existe déjà.

S. — Oui... un peu.
T. — C'est tellement agréable *d'apprendre* à mieux *détendre* certaines parties de son corps... et peut-être avez-vous envie de résister à cette détente... dans vos paupières, à cette lourdeur dans vos paupières ... et c'est bien, et plus vous résistez... plus vos paupières sont lourdes...

Tout est prêt pour qu'une réponse hypnotique apparaisse. Il est assez probable que la fermeture des paupières échappe à la volonté et au contrôle du sujet. En dernier lieu, le thérapeute utilise, pour y parvenir, un double lien thérapeutique. Il propose au sujet de résister, ce qu'il fait déjà probablement. Cette résistance ainsi prescrite devient donc un élément de collaboration. Elle est ensuite liée à une augmentation encore plus manifeste de l'alourdissement. Par ailleurs, le thérapeute introduit la notion d'apprentissage qui devient contemporaine à la fois de la détente et de l'alourdissement.

S. *(ferme ses paupières).*
T. — Voilà, c'est bien.
S. — ...
T. — Et en même temps que vous détendez vos jambes... que vous détendez vos bras... que vos paupières se détendent encore *mieux*... vous pouvez apprendre, si vous le souhaitez, à *mieux* détendre... vos épaules... et votre cou... et votre tête peut se sentir confortable... et bien en équilibre.

L'expérience spécifique de la fermeture des paupières peut alors être étendue à l'ensemble du corps, y compris les épaules et le cou comme cela a été précédemment annoncé.

Par précaution, le thérapeute fait en sorte que la tête du sujet reste bien en équilibre car, dans la mesure où la tonalité de l'expérience passe par la détente, il est possible que cette tête se penche d'un côté ou de l'autre, ce qui peut provoquer une contracture au niveau du cou.

S. *(le sujet ajuste son corps dans son siège).*

La notion d'équilibre est intégrée par le sujet pour le corps entier. Comme cela avait été également annoncé plus haut, le sujet ajuste donc son corps dans son siège.

T. — Voilà, c'est bien... et peut-être maintenant, si je vous pose une question... tous les muscles qui vous permettent de me répondre... peuvent rester suffisamment vigilants... Est-ce que cela vous paraît possible ?

Le sujet est alors effectivement entré dans un processus hypnotique avec tout ce que cela signifie au niveau de son expérience subjective. Pour garder un bon contact avec lui, le thérapeute « permet » aux muscles garantissant des réponses verbales de continuer à fonctionner comme en état d'éveil. Il s'agit là de la phase de construction de la rétroaction.

S. — Oui.
T. — C'est bien... Et tout se passe comme si une partie de vous-même... mettait là où elle peut vous être utile... une certaine détente dans telle ou telle partie... de votre corps.

La dissociation peut être maintenant « installée » entre le sujet lui-même ou plus précisément son corps, et « une partie de lui-même », qui gère les phénomènes autonomes qu'on peut qualifier d'hypnotiques. Cette dissociation servira de paradigme aux autres niveaux de clivage que le thérapeute peut dès lors introduire dans l'expérience du sujet.

S. *(léger signe d'affirmation de la tête)*.

A mesure que le sujet entre plus profondément en transe, ses réponses sont de plus en plus difficiles et économiques.

T. — Est-ce que vous êtes intéressé par une autre expérience.

A chaque phase de la séance, le thérapeute va poser ce type de question. Il s'agit pour lui de créer l'attente du sujet tout en lui restituant une partie du contrôle de cette même séance. Par ailleurs, le terme d'« expérience », surtout dans un contexte thérapeutique, dédramatise la situation pour en faire plus facilement une possibilité d'apprentissage.

S. — Oui.
T. — Oui... C'est bien.
Une expérience qui peut être utile pour vous... et probablement vous ne savez pas de quoi je parle... mais cela n'a pas d'importance... Peut-être une partie de vous-même comprend déjà... ce dont je peux vous parler...

La connotation positive augmente l'attente du sujet tout comme le mot « utile ». La dissociation est maintenant clairement énoncée.

S. — Humm... Est-ce que je peux me gratter... j'ai la joue qui... qui me démange ?

Une interférence s'installe ici entre ce que cherche à induire l'opérateur et un phénomène sensoriel « spontané ». Il est possible que le sujet accorde à cette démangeaison une certaine importance dans la mesure où le thérapeute lui a annoncé qu'un nouvel élément allait survenir.

T. — Vous avez la joue qui vous démange... avec la main droite...

Son attitude est alors tout à fait permissive.

S. *(le sujet esquisse un mouvement de la main droite)*.
T. — ... oui c'est cela... avec la main droite...

S. *(le sujet porte sa main droite au niveau du visage et se gratte la joue gauche avant de la reposer sur sa cuisse droite).*
T. — ... et il y a beaucoup de façons de faire disparaître... une sensation... ou une autre sensation... et il y a beaucoup de façons d'apprendre...

Le thérapeute intègre cet épisode dans le cours normal de la séance en lui donnant une dimension d'apprentissage.

S. — ...
T. — ... est-ce que vous êtes bien confortable...
S. *(signe affirmatif de la tête).*

La dernière question du thérapeute, en même temps qu'elle permet de vérifier le confort du sujet, apporte une information sur son niveau de dissociation. Le littéralisme de sa réponse laisse à penser qu'il est retourné « là où il était » avant que sa joue ne le démange.

T. — ... c'est bien... et peut-être... à un moment ou à un autre... vous pouvez avoir envie de lever votre bras droit... et le moment importe peu... ce qui importe est que vous ayez envie de ressentir cette envie... et vous aurez alors la surprise... la surprise très agréable de constater... que c'est tel-le-ment dur (détachement de chaque syllabe) d'accomplir ce geste...

Le thérapeute propose alors très immédiatement au sujet d'expérimenter une réponse hypnotique « négative », c'est-à-dire l'impossibilité pour lui de lever son bras droit. Cette expérience peut être relativement désagréable ; elle prendra cependant une autre tonalité grâce aux suggestions du thérapeute qui proposent les notions de confort, de surprise et d'envie. Il s'agit essentiellement de construire ici, pour le sujet, une situation d'apprentissage construite à partir d'un échec. Cette stratégie du thérapeute est à replacer dans le contexte d'un patient déprimé. Le détachement des syllabes accentue l'effet recherché.

S. *(la tête du sujet se penche insensiblement vers sa main droite).*

Par ce geste, dont il ne se rend probablement pas compte, le sujet manifeste son intérêt et son attente pour ce qui est proposé par le thérapeute.

S. *(le visage du sujet se crispe légèrement).*
T. — ... et c'est tellement difficile... et cette main est tellement lourde...

Dès que le sujet, et son bras, répondent à la suggestion, le thérapeute ratifie la « réussite » de l'échec du sujet.

S. *(une certaine détente apparaît sur le visage du sujet).*
T. — ... et vous pouvez peut-être avoir envie d'oublier cette sensation... et cette difficulté...

Le thérapeute encourage le sujet afin qu'il se confronte de nouveau à cette difficulté pour mieux ensuite lui « apprendre » à la lever.

S. *(de nouveau une crispation sur le visage).*
T. — ... et vous pouvez avoir de la colère en vous... et vous pouvez rencontrer... calmement... ce sentiment d'échec...

La résistance du sujet est construite et prescrite.

S. — ...
T. — Est-ce que cela vous intéresse d'apprendre aujourd'hui quelque chose qui peut vous être utile... qui peut être utile dans bien d'autres situations ?

A côté de ce premier apprentissage, le thérapeute introduit un autre élément dont il annonce la grande utilité.

S. — Oui *(faiblement).*
T. — Oui... c'est bien...
S. — ...

Volontairement, le thérapeute attend quelques instants avant d'annoncer cette nouvelle expérience. Elle prend d'autant plus de valeur qu'elle est attendue par le sujet.

T. — Vous pouvez... à un moment ou à un autre... lever cette difficulté... simplement en laissant vos paupières s'ouvrir et se refermer sur vous...
S. *(le sujet ouvre et referme rapidement les paupières).*

Le thérapeute choisit un élément très simple pour lever la difficulté qu'il a lui-même créée pour son sujet : l'ouverture et la fermeture des paupières. Ce mouvement correspond métaphoriquement à l'expérience hypnotique elle-même. Il s'agit, par ailleurs, d'un geste extrêmement banal qui pourra « servir » au sujet ultérieurement et fonctionnera comme une suggestion post-hypnotique.

T. — Voilà, c'est bien. Peut-être pouvez-vous maintenant... *réussir* là où vous avez précédemment échoué...
S. *(le sujet reste immobile).*

Le sujet ne répond pas immédiatement à l'invitation du thérapeute car il craint d'échouer dans cette nouvelle tentative. La dépression appauvrit la curiosité et le goût de l'aventure. De ce fait, le thérapeute renforce sa suggestion en donnant à l'expérience une valeur d'apprentissage.

T. — ... et c'est tellement utile d'*apprendre* quelque chose de nouveau... même si vous ne savez pas encore comment vous allez *apprendre*...
S. — ...

Cette nouvelle présentation ne suffit pas pour induire l'effet recherché. Le thérapeute va alors utiliser une autre stratégie dont il va trouver les prémisses dans l'épisode de la démangeaison de la joue.

T. — ... au fait, est-ce que votre joue gauche... vous démange de nouveau...
S. *(moue interrogative).*
T. — ... vous avez oublié ?
S. *(léger signe affirmatif de la tête).*
T. — ... peut-être pouvez-vous retrouver... cette sensation de démangeaison... voilà, c'est bien... et vous avez appris à la chasser... et c'est quelque chose que vous savez faire...

Le thérapeute réactualise la sensation de démangeaison dans la joue gauche pour donner à la main droite une nouvelle « raison » de se mobiliser.

S. *(le sujet lève lentement sa main droite).*
T. — Voilà, c'est bien... c'est très bien...
S. *(le sujet dirige sa main droite vers son visage, touche sa joue gauche et repose sa main droite sur sa cuisse droite).*
T. — ... et je prends simplement votre poignet... *(Le thérapeute prend le poignet droit du sujet pour élever la main et l'avant-bras dans une position confortable et les laisser en catalepsie.)* ... et votre main peut vous donner cette sensation... de confort et de légèreté...

Assez immédiatement, le thérapeute induit une nouvelle expérience, toujours dans la main droite.

S. — ...
T. — ... et est-ce que vous êtes bien confortable ?

Le confort renforce l'expérience en même temps que cette question, par la possibilité d'une réponse qu'elle ouvre, permet au thérapeute de vérifier la rétroaction du sujet.

S. — Oui *(faiblement)*. Ma main reste suspendue.... bizarre.

Le sujet éprouve le besoin de commenter ce qu'il ressent comme le thérapeute lui en a donné la possibilité précédemment. Le mot « bizarre » reste lui-même seul et suspendu comme la main du sujet.

T. — C'est bizarre...
S. — Oui.
T. — ... et l'on peut être surpris lorsqu'on apprend quelque chose de nouveau... et c'est tellement agréable d'apprendre... même de cette manière...

Le caractère bizarre de cette expérience est atténué par le recadrage qu'en fait le thérapeute toujours en termes d'apprentissage. Cependant, les derniers mots restent énigmatiques pour le sujet : une bizarrerie est remplacée par une autre.

S. *(froncement de sourcils)*.
T. — ... et vous ne savez pas ce dont je veux parler... mais votre inconscient le sait... et il peut vous apprendre... comme on peut apprendre à lever certaines difficultés...

Le thérapeute construit dans cette expérience son caractère thérapeutique. Il fait en sorte de pouvoir créditer l'inconscient du sujet de tous les éléments positifs qui se produisent au cours de la séance.

S. *(léger sourire)*.

Le sujet a mis un certain temps pour comprendre. Il a maintenant établi des liens dans la séquence : main lourde — ouverture/fermeture des paupières — légèreté de la main.

T. — ... voilà, maintenant vous savez... vous savez comment votre inconscient peut mettre cette légèreté dans votre main droite... pour chasser les sensations désagréables... de lourdeur... d'impuissance... et il y a bien des manières d'apprendre...
S. — ...
T. — ... et vous pouvez prendre plaisir... à ressentir la légèreté dans cette main droite... et apprendre... même si vous ne savez pas encore comment vous allez utiliser cet apprentissage... peut-être dans les jours qui viennent... ou dans les mois qui viennent...

La séquence mentionnée prend de plus en plus un caractère métaphorique. Le thérapeute introduit ici une certaine confusion en mentionnant les jours et immédiatement ensuite les mois.

S. — Ma main gauche est lourde *(faiblement)*.

De nouveau, le sujet commente ce qu'il ressent. Il reprend en fait la séquence précédente pour l'appliquer maintenant à l'autre main.

T. — Votre main gauche est lourde... et votre inconscient vous a appris maintenant comment lever certaines difficultés...

Après la ratification du thérapeute, de nouveau l'apprentissage est mis en avant. Là, également, le sujet n'établit pas immédiatement un lien entre ce qui s'est produit pour la main droite et ce qui peut se produire pour la main gauche.

S. *(froncement des sourcils)*.
T. — ... simplement les paupières... [pause]... sur vous...

Il suffit au thérapeute de prononcer quelques mots pour que la séquence soit de nouveau produite par le sujet.

S. *(le sujet ouvre et referme rapidement les paupières)*.
T. — ... simplement sur vous... pour lever les difficultés... et cette légèreté dans votre main gauche... et vous savez déjà ce qui peut se produire... *(Le thérapeute saisit le poignet droit et repose la main droite du sujet sur sa cuisse droite.)*

Pour faciliter la légèreté de la main gauche, le thérapeute annule la catalepsie de la main droite.

S. *(la main gauche se soulève légèrement)*.
T. — ... voilà, c'est bien, c'est très bien... et il y a cette légèreté qui s'installe maintenant... et vous avez appris à vous servir pour votre main gauche... de ce que vous avez appris avec la main droite...

Le lien est maintenant établi entre les deux expériences.

S. *(sourire)*.

Cela est ratifié par le sourire du sujet.

T. — ... et c'est tellement agréable de se servir de ses apprentissages...

S. — Oui.
T. — ... c'est bien... encore plus légère... voilà...

De nouveau, quelques mots suffisent pour que le mouvement de la main gauche s'amplifie.

S. *(la main gauche se soulève encore et se place dans la même position que la main droite précédemment).*

Il n'est pas inutile que le thérapeute intervienne ici pour qu'une catalepsie se manifeste dans la main gauche. Cela marque l'autonomisation du sujet par rapport au thérapeute et aux apprentissages qu'il peut trouver dans la thérapie.

T. — ... tellement légère...
S. — ...
T. — ... et à un moment ou à un autre... votre inconscient va remettre un peu de détente dans cette main gauche... de manière à ce que de nouveau elle se pose sur votre cuisse gauche...

La phase de réveil est annoncée.

S. *(la main gauche commence à descendre).*
T. — ... voilà, c'est bien... et ce n'est que lorsque votre main aura touché votre cuisse... que vos paupières pourront de nouveau s'ouvrir... et vous ne garderez de cette expérience... que ce qui est utile pour vous... peut-être dans les jours qui viennent... ou dans les mois qui viennent...

Le réveil proprement dit est lié à l'ouverture des paupières et à une suggestion post-hypnotique d'amnésie.

S. *(la main gauche descend lentement puis retombe brutalement sur la cuisse).*
T. — ... à sa vitesse... c'est bien... les paupières...

Le fait que la main retombe brutalement (généralement) à mi-course n'a rien de spécifique.

S. *(le sujet ouvre très lentement les paupières).*
T. — ... à leur vitesse également...
S. — *(les paupières sont tout à fait ouvertes).*
T. — Alors, est-ce que vous avez appris maintenant quelle partie de votre corps vous détendez en premier *(d'un ton très différent)* ?

En reprenant le ton de voix qu'il utilisait avant la phase d'induction proprement dite, le thérapeute renforce l'amnésie en posant de nouveau la question qu'il a initialement posée au sujet.

S. — Oui, je crois. Peut-être les mains.

Celui-ci a retrouvé l'ambiguïté de ses réponses.

T. — Peut-être les mains. Vous n'êtes pas très sûr.
S. — Oui, je crois, les mains.
T. — L'important est ce que vous avez appris.

10

LE PROCESSUS THÉRAPEUTIQUE DANS L'HYPNOSE

A juste titre, le lecteur peut maintenant penser : « Tout cela est bien beau, mais comment cela fonctionne ? » Si cette question « tourmente » votre esprit, vous avez déjà accepté l'idée que le processus hypnotique peut être utile pour un patient. Je ne peux donner ici qu'une lecture, partiale et partielle, de ce processus en ce qu'il a de thérapeutique, c'est-à-dire en ce qu'il peut induire des changements.

L'hypnose thérapeutique

Il est, en effet, toujours périlleux de prétendre théoriser un processus thérapeutique. La marge est malgré tout étroite entre la description générale de ce processus et le respect de la spécificité de chaque cas ; aussi poserai-je simplement quelques axiomes dont l'ensemble s'organise comme un modèle au sens où le décrit J.-L. Le Moigne : « (une) production intelligible de représentations opératoires par le modélisateur-acteur » ([38], p. 30). Il me paraît cependant d'abord nécessaire d'adopter une perspective historique puisque l'hypnose a, en quelque sorte, « perdu » son caractère thérapeutique avec l'apparition de la psychanalyse. Je partirai ainsi de la position de l'inconscient pour y revenir au terme de ma démarche.

Inconscient, structure et processus

L'inconscient n'est pas né avec la psychanalyse. Il a clairement été mis en évidence, à la fin du XIXe siècle, grâce à l'hypnose, notamment au travers des suggestions post-hypnotiques. Cet inconscient a rapidement été soumis au principe de conservation de l'énergie, les mécanismes de défense régulant cette énergie ([1], p. 107). Par la mobilisation des pulsions, et grâce à l'abréaction, la thérapie permet d'obtenir un nouvel équilibre énergétique. Cette conception a amené Freud à redéfinir des topiques successives où les barrières entre différentes instances se sont trouvées déplacées en même temps que le cheminement des flux énergétiques. Or il semble bien que les choses ont bien changé depuis, ce que G. Bateson exprimait ainsi : « ... il nous faut modifier radicalement notre façon de concevoir le processus mental et communicationnel. Toute tentative visant, comme cela est fréquent, à construire un cadre théorique pour la psychologie et le comportement, en empruntant aux sciences exactes la théorie énergétique, relève du non-sens et de l'erreur manifeste » ([3], tome 2, p. 209. Cité par Le Moigne [38], p. 17) [47]).

A la suite d'Erickson, il est difficile de garder une vision « structurale » de l'inconscient, c'est-à-dire celle, d'abord, d'un lieu où s'élaborent les pulsions. Erickson a montré parfois une vision quelque peu angélique de l'inconscient ([33], p. 96) en expliquant qu'il protégeait toujours l'individu et qu'il suffisait de le « faire travailler » pour accéder à des « solutions » qui, dès lors, se manifestaient d'elles-mêmes. Je retiendrai pour ma part l'idée que l'inconscient développe une logique parallèle à celle que nous conduisons consciemment, avec ses propres processus mnésiques, ses propres cheminements et ses propres conclusions. Autrement dit, l'inconscient est logique et cohérent, même si cette cohérence n'a pas toujours pour nous un caractère d'évidence. Surtout, l'inconscient est essentiellement un processus qui est lui-même en interaction avec d'autres processus et d'autres contextes. Il en résulte que l'ensemble de ces processus ne peuvent être appréhendés que dans une approche systémique et non pas structurale. Le symptôme et, par là, la thérapie, ne correspondent pas simplement à un processus d'équilibration énergétique (structural) mais à un processus inventif (systémique).

AXIOME 1 : L'INCONSCIENT PEUT ÊTRE DÉCRIT AU TRAVERS D'UN PROCESSUS.

AXIOME 2 : LA THÉRAPIE EST UN PROCESSUS QUI LUI-MÊME, DANS UNE VISION SYSTÉMIQUE, INTERAGIT AVEC D'AUTRES PROCESSUS.

AXIOME 3 : LA THÉRAPIE EST UN CONTEXTE EN MÊME TEMPS QU'UN PROCESSUS.

Cycle de vie, changement et résistance

Le symptôme est une création (cf. Groddeck [27]), la thérapie est également un processus créatif. L'un et l'autre constituent des changements. Par changement, j'entends ici, c'est-à-dire dans le cadre du processus thérapeutique, la mise en acte d'une nouvelle étape du cycle de vie de l'individu et, par là, de la famille. Ce changement rencontre une résistance dans la mesure où il correspond à la fois à un processus de maturation, donc la nécessité de certains réaménagements, et à un passage vers l'inconnu générateur d'angoisse. Le patient a perdu le goût et le plaisir d'être l'aventurier de sa propre vie. Là encore, il est impossible de ne pas tenir compte de son contexte existentiel, ce qu'avait déjà souligné P. Janet ([35], p. 383 et suiv.). Milton Erickson a eu le mérite de mettre en évidence dans le processus hypnotique la résistance « paradigmatique » au changement qui se manifeste entre l'état de veille et l'expérience hypnotique.

Dans la mesure où il s'agit d'une mise en acte, je pose donc comme *a priori* que la compréhension du ou des problèmes ne suffit pas pour en assurer le dépassement car c'est dans l'agir, aux yeux de soi-même et des autres, que se font les passages d'une phase à une autre du cycle de vie.

AXIOME 4 : LA THÉRAPIE EST UN CONTEXTE DE CHANGEMENT ET DE CRÉATIVITÉ POUR LE THÉRAPEUTE ET LE PATIENT.

AXIOME 5 : DANS LA THÉRAPIE, LE PATIENT TROUVE MOINS À COMPRENDRE QU'À AGIR.

AXIOME 6 : TOUT CHANGEMENT S'INSCRIT DANS LE CYCLE DE VIE.

Apprentissage, contexte et symptôme

Le premier souci du thérapeute consistera à « travailler » la démarche et la demande du patient afin d'aborder directement sa résistance au changement. Sa seconde tâche consistera à créer les conditions, c'est-à-dire le contexte, pour que le symptôme devienne caduc. Le symptôme est un apprentissage qui subsiste au-delà d'une période initiale où il pouvait trouver un sens dans la vie du sujet. Le symptôme est « utile », dans la mesure où il peut être situé dans une chaîne causale, au moment où il apparaît, avant de se perpétuer et de reproduire ultérieurement ses manifestations, encouragé et sollicité par les bénéfices qu'y trouve le patient ainsi que par les sollicitations engendrées par son contexte de vie. Il s'agit là d'un apprentissage qui manifeste une métacommunication face à un contexte spécifique.

De la même façon que ce symptôme-apprentissage s'est « fixé » dans la vie du patient, le thérapeute va chercher à créer les conditions d'un nouvel apprentissage. De nouveau, pour y parvenir, le thérapeute ne peut faire l'économie d'intégrer dans sa démarche le contexte du patient, pour les raisons que j'ai déjà mentionnées mais également dans la mesure où ce contexte participe à la désignation du patient en tant que tel ([5], voir article « Patient désigné »).

AXIOME 7 : LE SYMPTÔME CORRESPOND À UN APPRENTISSAGE.

AXIOME 8 : LE SYMPTÔME EST « PIÉGÉ » ENTRE UN CONTEXTE INTERNE ET UN CONTEXTE EXTERNE.

AXIOME 9 : LA THÉRAPIE CORRESPOND À UN APPRENTISSAGE QUI ENGLOBE LE CONTEXTE DE VIE DU PATIENT.

Symptôme, stratégie et dissociation

Chaque patient expérimente et présente son symptôme comme étant un phénomène qui lui échappe, qui échappe à son contrôle. J'ai déjà beaucoup insisté sur l'importance de la dissociation qui retrouve sa place ici. C'est dans l'expérience de la dissociation, dans l'immédiateté d'un vécu paradoxal d'observateur/observé, que le patient réapprend le contrôle de son symptôme. Du point de vue du thérapeute, son action peut être définie comme un processus de déconstruction/construction de la relation qu'entretient le patient avec son symptôme. Autrement dit, ce n'est pas le symptôme qui est modifié, mais le lien qui l'unissait jusque-là au patient. Ce lien, et par là le symptôme, sont en quelque sorte recadrés [55].

Mais c'est fondamentalement dans la dissociation que peut se faire ce recadrage. Cette phase de dissociation se retrouve dans ce que peuvent expérimenter les membres d'une famille en thérapie familiale grâce à l'usage que font certains thérapeutes des techniques de confusion, des métaphores et des paradoxes. En ce sens, toute expérience thérapeutique, ainsi d'ailleurs que toute activité de création, résulte d'une situation paradoxale. Celle-ci pouvait être définie comme résultant de la rencontre de deux logiques (ou de deux apprentissages) en l'occurrence celle du symptôme et celle de la position « méta » que peut gagner le patient (ou la famille) dans le contexte thérapeutique. Il y a ainsi dans le processus thérapeutique de l'hypnose une stratégie extrêmement complexe, à l'image de l'installation du symptôme, qui correspond à la double prétention du thérapeute de déconstruire la subjectivité/objectivité du patient face à sa souffrance tout en construisant simultanément une nouvelle subjectivité/objectivité. Je mêle à dessein ici l'objectivité et la subjectivité de cette expérience thérapeutique pour en augmenter encore la complexité, car la réalité est un concept essentiellement individuel.

AXIOME 10 : LA DISSOCIATION EST UNE EXPÉRIENCE PARADOXALE.

AXIOME 11 : DANS L'EXPÉRIENCE DE DISSOCIATION, LE PATIENT PEUT RETROUVER LE CONTRÔLE DE SON SYMPTÔME.

AXIOME 12 : LE CONTRÔLE DE SON SYMPTÔME QUE PEUT ACQUÉRIR LE PATIENT EST THÉRAPEUTIQUE.

Dissociation, processus autoréférentiel et inconscient

Mais alors, et de nouveau, qu'en est-il de l'inconscient ? Évidemment, il est impossible de prétendre répondre complètement à une telle question. Cependant, l'inconscient, au travers des diverses définitions et des diverses propriétés qu'on a pu ou qu'on peut lui attribuer, ne peut être mis de côté lorsqu'il s'agit de réfléchir, de modéliser ou d'expliquer un processus thérapeutique.

C'est de la confrontation immédiate, dans l'expérience de dissociation que permet le processus hypnotique, entre les éléments de réalité immédiate du patient (la conscience qu'il a de son problème) et l'ensemble des alternatives, des expériences et des ressources de son inconscient, qu'il trouve la possibilité de passer à une position « méta », celle qui lui permet de dépasser son symptôme. Cette confrontation immédiate correspond à un processus autoréférentiel dont le plus bel exemple est la « prescription de symptômes », la création d'une « boucle étrange ». Il s'agit, en quelque sorte, d'un court-circuitage des mécanismes habituels de résolution des problèmes, comme les mobilisent peut-être normalement les rêves, l'amour ou, tout simplement, l'harmonie écosystémique. La thérapie, en ce sens, est un apprentissage de la gestion d'un niveau supérieur de complexité.

AXIOME 13 : LA CRÉATIVITÉ PASSE PAR LA DISSOCIATION.

AXIOME 14 : LA CRÉATIVITÉ CORRESPOND À UNE POSITION « MÉTA ».

AXIOME 15 : DISSOCIATION ET PROCESSUS AUTORÉFÉRENTIEL : MÊME COMBAT !

AXIOME 1 : L'INCONSCIENT PEUT ÊTRE DÉCRIT AU TRAVERS D'UN PROCESSUS.

11

COMMENT J'AI APPRIS À NE PAS AVOIR PEUR DE L'HYPNOSE

Il y a d'abord eu cette petite histoire que m'a racontée un jour, probablement en 1973, Georges Devereux. Il l'attribuait à Sigmund Freud, mais elle est, semble-t-il, absente de ses écrits : premier mystère, première échappée vers l'inconnu. G. Devereux la tenait d'une personne qui avait elle-même connu une autre personne, etc. Alors, je ne peux qu'ajouter un autre maillon à cette chaîne tout à fait fictive, au point que parfois je me pose la question de savoir si je n'ai pas inventé tout cela.

Un homme, un jour, se promène au volant de sa voiture lorsque celle-ci tombe en panne. Un dépanneur appelé à la rescousse intervient promptement. Il soulève le capot, non sans précautions, et inspecte le moteur. Visiblement, il prend son temps, et semble même hésiter quelques instants avant de laisser tomber son verdict. Il se résout enfin à sortir un des outils de sa caisse à outils. Notre dépanneur donne ainsi un coup de marteau, quelque part sous ce capot en un endroit bien précis de ce moteur que sa large silhouette cache aux yeux des spectateurs. Il se relève satisfait : la voiture démarre, la promenade va pouvoir se poursuivre.

— Combien vous dois-je ?
— Deux cent un francs !
— Deux cent un francs ?
— Oui, deux cent un francs.

— Mais pourquoi deux cent un francs ?

— Eh bien, un franc pour le coup de marteau et deux cents francs pour avoir trouvé l'endroit où il fallait le donner !

Ainsi en est-il, à l'évidence, de la thérapie. Ce quelque chose de plus, de différent qui fait qu'un thérapeute est un bon thérapeute. Quelque chose de magique, ou plutôt une intervention qui se présente comme magique mais qui est bien plus que cela. Et puis, surtout, il ne suffit pas de savoir ce qu'il faut faire, il importe bien plus d'apprendre le bon moment, le bon endroit.

Après Georges Devereux, sa remarquable érudition et l'approche ethnologique qu'il m'a permis de mieux connaître dans la grande originalité de sa pensée, après Devereux donc s'est imposée pour moi l'énigmatique pratique de Georg Groddeck [41] ; un analyste sauvage selon le jugement de Freud, ce que peu de ses contemporains ont compris comme étant un hommage. Là également, quelque chose d'indéfinissable, une intuition remarquable, un certain goût de la provocation et beaucoup de succès thérapeutiques. Un bon dépanneur en somme. Ou plutôt un artiste-dépanneur. Je ne peux m'empêcher de penser maintenant qu'il existe une grande ressemblance entre Groddeck et Erickson. Au moins, cela me donne le sentiment, peut-être l'illusion, d'une certaine cohérence.

Mais, avant cela, il y a eu également la thérapie familiale (en France, il convient d'ajouter « systémique »). Il reste qu'il s'agit là de la seule alternative qui me soit paru valable à une approche psychanalytique classique. Ayant longtemps travaillé avec des adolescents, la nécessité d'un abord thérapeutique pragmatique, rapide et contextuel de leurs symptômes m'est toujours apparue comme évidente. C'est ainsi que les travaux et les écrits de Jay Haley ([28], [29], [30], [31]), et plus tard ceux de Cloé Madanes ([39], [40]), m'ont amené à Milton H. Erickson. Comme beaucoup, j'ai d'abord pensé qu'il s'agissait là de quelqu'un de tout à fait « inabordable ». C'était trop beau, trop ingénieux, trop inventif surtout pour n'avoir qu'à rester admiratif sans pouvoir penser retirer de sa pratique plus qu'une pâle imitation. Finalement, il faut s'en détacher un peu, ne pas craindre de la critiquer sur certains points, pour tirer le meilleur bénéfice de tout ce qu'il a inventé.

Erickson est mort il y a maintenant dix ans, il a vécu dans une autre culture, différente, sur bien des points, de la nôtre, même si des esprits chagrins ne voient d'autre alternative que d'avoir à la subir. Les thérapies évoluent en même temps que le terreau culturel en constante évolution et plus ou moins riche, dans lequel elles prennent forme. L'hypnose revient, sans doute pour peu de temps, mais elle pose sans cesse des questions dont nous n'avons pas fini de recueillir les fruits.

BIBLIOGRAPHIE

[1] BARRAUD H.J., *Freud et Janet*, Toulouse, Privat, 1971.

[2] BATESON G., JACKSON D.D., HALEY J., WEAKLAND J.H., « Toward a Theory of Schizophrenia », *Behavioral Science*, 1, 1956, p. 251-264.

[3] BATESON G., *Vers une écologie de l'esprit*, tome 1 et 2, Paris, Le Seuil, 1977.

[4] BATESON G., « La pensée psychiatrique » dans BATESON G., RUESCH J., *Communication et société*, Paris, Le Seuil, 1988.

[5] BENOIT J.-C., MALAREWICZ J.A. et al., *Dictionnaire clinique des thérapies familiales systémiques*, Paris, ESF, 1988.

[6] BERTA M., *Prospective symbolique en psychothérapie. L'épreuve d'anticipation clinique et expérimentale*, Paris, ESF.

[7] BRETON A., SOUPAULT P., *Les champs magnétiques*, Paris, Au sans pareil, 1920.

[8] CAILLÉ P., REY Y., *Il était une fois. Du drame familial au conte systémique*, Paris, ESF, 1988.

[9] CHERTOK L., *L'hypnose*, Paris, Payot, 1989.

[10] CHERTOK L., STENGERS I., *Le cœur et la raison. L'hypnose en question de Lavoisier à Lacan*, Paris, Payot, 1989.

[11] CORRAZE J., *Les communications non verbales*, Paris, PUF, 1980.

[12] DARNTON R., *La fin des lumières. Le mesmérisme et la Révolution*, Paris, Perrin, 1984.

[13] DESOILLE R., *Entretiens sur le rêve éveillé dirigé*, Paris, Payot, 1973.

[14] EFRON D., *Gesture, race and culture* (1941), Paris, Mouton, 1972.

[15] EKMAN P., FRIESEN W.V., « The repertoire of non verbal behavior », *Semiotica*, 1, 1969, p. 49-98.

[16] EKMAN P., *Menteurs et mensonges*, Paris, Belfond, 1986.

[17] ERICKSON M.H., ROSSI E.L., *Hypnotic realities*, New York, Irvington, 1976.

[18] ERICKSON M.H., ROSSI E.L., *Hypnotherapy*, New York, Irvington, 1980.

[19] ERICKSON M.H., *Collected papers*, vol. 1, New York, Irvington, 1980.

[20] ERICKSON M.H., *Collected papers*, vol. 2, New York, Irvington, 1980.

[21] ERICKSON M.H., *Collected papers*, vol. 3, New York, Irvington, 1980.

[22] ERICKSON M.H., *Collected papers*, vol. 4, New York, Irvington, 1980.

[23] ERICKSON M.H., ROSSI E.L., *Experiencing hypnosis*, New York, Irvington, 1981.

[24] ERICKSON M.H., *L'hypnose thérapeutique*, traduction de J.A. Malarewicz et J. Fleiss, Présentation de J.A. Malarewicz, Paris, ESF, 1986.

[25] FREUD S., *Essais de psychanalyse*, Paris, Payot, 1973.

[26] FERENCZI S., *Psychanalyse 1*, Paris, Payot, 1968.

[27] GRODDECK G., *La maladie, l'art et le symbole*, Paris, Gallimard, 1969.

[28] HALEY J., *Strategies of psychotherapy*, New York, Grune and Stratton, 1963.

[29] HALEY J., *Uncommon therapy*, New York, Norton, 1973. Trad. française : *Un thérapeute hors du commun*, Paris, EPI, 1985.

[30] HALEY J., *Problem-solving therapy*, New York, Harper Colophon Books, 1978.

[31] HALEY J., *Reflections on therapy and others essays*, The family therapy institute of Washington DC, 1981.

[32] HALEY J., *Tacticiens du pouvoir*, Paris, ESF, 1983.

[33] HAVENS R.A., *The wisdom of Milton H. Erickson*, New York, Irvington, 1985.

[34] JANET P., *Quelques définitions récentes de l'hystérie*, Paris, Archives neurologiques, juin 1893.

[35] JANET P., *Les névroses*, Paris, Flammarion, 1909.

[36] JANET P., *De l'angoisse à l'extase*, Paris, Alcan, 1928.

[37] KÉROUAC M., *Métaphore, contes thérapeutiques*, Sherbrooke (Canada), Éditions du Troisième millénaire, 1989.

[38] LE MOIGNE J.-L., « Qu'est-ce qu'un modèle ? » *Confrontations psychiatriques*, 30, 1989, p. 11-36.
[39] MADANES C., *Strategic family therapy*, San Francisco, Jossey-Bass, 1981.
[40] MADANES C., *Derrière la glace sans tain*, Paris, ESF, 1988.
[41] MALAREWICZ J.A., *Itinéraire d'une absence. De Groddeck à Balint l'émergence de la psychosomatique*, Toulouse, Privat, 1979.
[42] MALAREWICZ J.A., « René Girard ou le désir revisité », *Psychiatries*, 40, 1980/2, p. 69-75.
[43] MALAREWICZ J.A., GODIN J., *Milton H. Erickson. De l'hypnose clinique à la psychothérapie stratégique*, Paris, ESF, 1986.
[44] MALAREWICZ J.A., « Les thérapies stratégiques ou la stratégie du changement », *Perspectives psychiatriques*, 7 (11), 1987, p. 102-106.
[45] MALAREWICZ J.A., *La stratégie en thérapie ou l'hypnose sans hypnose de Milton H. Erickson*, Paris, 1988.
[46] MORRIS D., *La clé des gestes*, Paris, Grasset et Fasquelle, 1978.
[47] PRIGOGINE I., STENGERS I., *La nouvelle alliance*, Paris, Gallimard, 1979.
[48] RITTERMAN M., *Hypnosis in family therapy*, San Francisco, Jossey Bass, 1983.
[49] ROSEN S., *Ma voix t'accompagnera*, Paris, Hommes et groupes, 1986.
[50] SCHULTZ J.H., *Le training autogène*, Paris, PUF, 1958.
[51] THUILLIER J., *F.A. Mesmer ou l'extase magnétique*, Paris, R. Laffont, 1988.
[52] WATZLAWICK P., HELMICK BEAVIN J., JACKSON D.D., *Une logique de la communication*, Paris, Le Seuil, 1972.
[53] WATZLAWICK P., *Le langage du changement*, Paris, Le Seuil, 1978.
[54] WATZLAWICK P., WEAKLAND J., *Sur l'interaction*, Paris, Le Seuil, 1981.
[55] WATZLAWICK P., *L'intervention de la réalité*, Paris, Le Seuil, 1988.
[56] WEITZENHOFFER A.M., *Hypnose et suggestion*, Paris, Payot, 1985.
[57] ZEIG J.K., *A teaching seminar with Milton H. Erickson*, New York, Brunner/Mazel, 1980.
[58] ZEIG J.K., *La technique d'Erickson*, Paris, Hommes et groupes, 1988.

DANS LA MÊME COLLECTION*

ACKERMANS Alain et ANDOLFI Maurizio, *La création du système thérapeutique.* L'école de thérapie familiale de Rome.

ACKERMANS Alain et Van CUTSEM Chantal, sous la direction de, *Histoires de familles, scènes de familles simulées.*

ANDOLFI Maurizio, *La thérapie avec la famille.*

ANDOLFI M., ANGELO C., NICHILO ANDOLFI (de) M., *Temps et mythe en psychothérapie familiale.*

BEDOS F., MOINARD S., PLAIRE L., GARRABE J., *Marionnettes et marottes.*

BENOIT J.-C., *Changements systémiques en thérapie familiale, textes classiques et actuels.*

BENOIT J.-C., ROUME D., *La désaliénation systémique*, les entretiens collectifs familiaux en institution.

BERTA Mario, *Prospective symbolique en psychothérapie*, l'épreuve d'anticipation clinqiue et expérimentale.

BERTALANFFY Ludwig von, *Des robots, des esprits et des hommes.*

BOWEN Murray, *La différenciation du soi*, les triangles et les systèmes émotifs familiaux.

CAILLÉ Philippe, *Familles et thérapeutes*, lecture systémique d'une interaction.

CAILLÉ Philippe, *Un et un font trois*, le couple révélé à lui-même.

CAILLÉ Philippe et REY Yveline, *Il était une fois*, du drame familial au conte systémique.

CAPLOW Théodore, *Deux contre un*, les coalitions dans les triades.

CARP C., DELLAERT R., *Images du monde chez les malades mentaux et psychothérapies.*

CIRILLO Stefano, *Familles en crise et placement familial*, guide pour les intervenants.

CIRILLO Stefano et DI BLASIO Paola, *La famille maltraitante.*

DARS Émile et BENOIT Jean-Claude, *L'expression scénique*, art dramatique et psychothérapie.

De FRANK-LYNCH Barbara, *Thérapie familiale structurale*, manuel des principes et des éléments de base.

* Collection Sciences humaines appliquées, fondée par le Professeur Paul Sivadon en 1964 et dirigée par le Docteur Jean-Claude Benoit jusqu'en 1990 avec le concours du Docteur Jean Guilhot et du Docteur André Mathé.

ELKAÏM Mony, sous la direction de, *Formations et pratiques en thérapie familiale.*

ELKAÏM Mony, sous la direction de, *Les pratiques de réseau*, santé mentale et contexte social.

ERICKSON Milton H., *L'hypnose thérapeutique*, quatre conférences.

EVEQUOZ Grégoire. *Le contexte scolaire et ses otages, vers une approche systémique des difficultés scolaires.*

GOUTAL Michel, *Du fantasme au système*, scènes de famille en épistémologie psychanalytique et systémique.

GUILHOT M.-A. et J., *Analyse, activation et action thérapeutiques*, vers un intégralisme analytique et prospectif.

GUILHOT J. et M.-A., JOST F., LECOURT E., *La musicothérapie et les méthodes d'association des techniques.*

GUITTON-COHEN ADAD Catherine, *Instant et processus*, analogies en thérapie familiale systémique.

HALEY Jay, *Changer les couples*, conversation avec Milton H. Erickson.

HALEY Jay, *Leaving home*, Quand le jeune adulte quitte sa famille, psychopathologie et abord psychothérapie.

HALEY Jay, *Tacticiens du pouvoir*, Jésus-Christ, le psychanalyste, le schizophrène et quelques autres.

HEIREMAN Magda, *Du côté de chez soi*, la thérapie contextuelle d'Ivan Boszormenyi-Nagy.

LACROIX Jean-Luc, *L'individu, sa famille et son réseau*, les thérapies familiales systémiques.

LAXENAIRE Michel, *La rencontre psychologique du médecin.*

LEBBE-BERRIER Paule, *Pouvoir et créativité du travailleur social,* une méthodologie systémique.

LECOURT Édith, *La pratique de la musicothérapie.*

McGOLDRICK Monica, GERSON Randy, *Génogrammes et entretien familial.*

MADANES Cloé, *Derrière la glace sans tain*, l'art du superviseur en thérapie familiale stratégique.

MADANES Cloé, *Stratégies en thérapie familiale.*

MALAREWICZ Jacques-Antoine, *Cours d'hypnose clinique*, études éricksoniennes.

MALAREWICZ Jacques-Antoine, *Quatorze leçons de thérapie stratégique.*

MALAREWICZ Jacques-Antoine, *La stratégie en thérapie*, ou l'hypnose sans hypnose de Milton H. Erickson.

MASSE Gérard et HOUSSIN Xavier, *Service social et psychiatrie de secteur.*

MONROY Michel, *Scènes, mythes et logiques*, vingt exercices de lecture systémique en thérapie familiale.

NEUBURGER Robert, *L'autre demande*, psychanalyse et thérapie familiale systémique.

NEUBURGER Robert, *L'irrationnel dans le couple et la famille*, à propos de petits groupes et de ceux qui les inventent.

PLUYMAEKERS Jacques, sous la direction de, *Familles, institutions et approches systémiques*.

PRIEUR Bernard, sous la direction de, *L'anorexique, le toxicomane et leur famille*.

QUIDU Marguerite et GOT Roger, *Marginaux de la santé*, la réadaptation sociale en psychiatrie.

REY Yveline, sous la direction de, *La thérapie familiale telle quelle...*, de la théorie à la pratique.

REY Yveline et PRIEUR Bernard, sous la direction de, *Systèmes, éthique, perspectives en thérapie familiale*. Textes extraits du congrès « Système et thérapie familiale », 4, 5, 6 octobre 1990.

ROGERS Carl, *La relation d'aide et la psychothérapie*.

SELVINI Matteo, *Mara Selvini Palazzoli, histoire d'une recherche*, l'évolution de la thérapie familiale dans l'œuvre de Mara Selvini Palazzoli.

SELIVINI PALAZZOLI Mara et collaborateurs, *Dans les coulisses de l'organisation*, stratégie et tactique.

SELVINI PALAZZOLI Mara et collaborateurs, *Le magicien sans magie*.

SELVINI PALAZZOLI M, BOSCOLO L., PRATA G., *Paradoxe et contreparadoxe*.

SELVINI PALAZZOLI M., CIRILLO S., SELVINI M., SORRENTINO A.M., *Les jeux psychotiques dans la famille*.

TOMAN Walter, *Constellations fraternelles et structures familiales*, leurs effets sur la personnalité et le comportement.

DANS LA COLLECTION
PSYCHOTHÉRAPIES - MÉTHODES ET CAS*

BARON E., BENOIT J.-C., DEBURE E., ERLICH M., NOEL F., PELLERIN M., *Détente et mouvement en psychothérapie, l'abord corporel thérapeutique.*

BENOIT Jean-Claude, *L'équipe dans la crise psychiatrique.*

BENOIT Jean-Claude, *Le face à face en psychothérapie.*

BENOIT Jean-Claude, BERTA Mario, *La pénombre du double*, anticipation par les images positives et négatives.

BLÉANDONU Gérard, *La vidéo en thérapie*, le choc de l'image de soi dans les soins psychologiques.

BROUSTRA Jean, *Expression et psychose*, ateliers thérapeutiques d'expression.

BRUTTI Carolo, SCOTTI Francesco, *Réussir la psychiatrie alternative*, l'expérience de Pérouse.

CHAZAUD Jacques, *Traverses freudiennes*, essais de psychanalyse.

COPHIGNON Janine, GUEDJ Max, *Double thérapie*, psychanalyse et corps.

DAIGREMONT A., GUITTON C., RABEAU B., *Des entretiens collectifs aux thérapies familiales en psychiatrie de secteur.*

DENNER Anne, *Les ateliers thérapeutiques d'expression plastique.*

FABRE Nicole, *L'analyse par le rêve-éveillé,* une approche psychothérapique de l'enfant.

FABRE Nicole, *L'analyse par le rêve-éveillé-dirigé,* une étude clinique.

GARNIER Philippe, BONNOT-MATHERON Sylviane, *Le psychodrame*, une psychothérapie analytique.

GARRAUD Claude, *La bioénergie*, du risque de vivre au plaisir d'exister.

GELLMAN Charles et Josette, *Les thérapies sexuelles.*

GUILHOT Marie-Aimée et Jean, *Psychothérapie de groupe pour les couples.*

GUILHOT Marie-Aimée, LÉTUVE Alain, *Sexe, corps et groupe*, l'abord psychocorporel en sexologie.

GULLOT J., LE HUCHE S, PERCEAU J., RADIGUET C., *Expression scénique* parole, plaisir et poésie.

GULOTTA Guglielmo, *Comédies et drames du mariage*, psycho-guide illustré de la jungle conjugale.

---

* Collection fondée par le Professeur Paul Sivadon en 1964 et dirigée par le Docteur Jean-Claude Benoit jusqu'en 1990 avec le concours du Docteur Guilhot et André Mathé.

LAUTIER Françoise, *En marge de la drogue*, toxicomanes dans les appartements thérapeutiques.

MALAREWICZ Jacques-Antoine et GODIN Jean, *Milton H. Erickson*, de l'hypnose clinique à la psychothérapie stratégique.

ONNIS Luigi, *Corps et contexte*, thérapie familiale des troubles psychosomatiques.

PETIT Marie, *La gestalt*, thérapie de l'ici et maintenant.

REVERCHON François et MEYER Monique, *Psychanalyse et relaxation*, autour de la chronique d'un groupe.

SOLIE Pierre, *Mythanalyse jungienne*.

ZRIBI Gérard, *Vers une psychothérapie sociale,* le sort des adolescents et des adultes handicapés mentaux.

*
* *

DICTIONNAIRE CLINIQUE
DES THÉRAPIES FAMILIALES SYSTÉMIQUES

Sous la direction
de Jean-Claude BENOIT et Jacques-Antoine MALAREWICZ,
avec le concours de Jacques BEAUJEAN, Yves COLAS, Serge KANNAS
et de nombreuses collaborations françaises et étrangères.

Préface du professeur Paul SIVADON.

ACHEVÉ D'IMPRIMER EN FÉVRIER 1993 SUR LES PRESSES DE CORLET, IMPRIMEUR, S.A.
14110 CONDÉ-SUR-NOIREAU (FRANCE) — NUMÉRO D'ÉDITION : 1770 ED 1570
DÉPÔT LÉGAL : FÉVRIER 1993 — NUMÉRO D'IMPRESSION 7504

Imprimé en C.E.E.